	Zeichen	Bedeutung	§§
5.1.1		**Ergänzungen der Kopula**	
	Nom	Nominativ als Prädikatsnomen (Substantiv; Adjektiv)	2
	Dat	Dativ des Zweckes	15
	Abl	abl. quālitātis	29
5.1.2		**Erweiterungen zu den Ergänzungen der Kopula**	
	A	Attribut (Adjektiv)	4
	Gen	Attribut (Substantiv im Genitiv)	16
	A	Attribut (Adjektiv) neben einem abl. quālitātis	29
5.2		**Erweiterungen des Subjekts**	
	A	Attribut (Adjektiv)	4
	Ap	Apposition (Substantiv im gleichen Kasus)	4
	Gen	Attribut (Substantiv im Genitiv)	18
	nd	nd-Form als Attribut (Genitiv)	36
	P	Prädikativum (Substantiv; Adjektiv; Partizip)	44; 45
5.3		**Erweiterungen des Objekts**	
	A	Attribut (Adjektiv)	4
	Ap	Apposition (Substantiv im gleichen Kasus)	4
	Gen	Attribut (Substantiv im Genitiv)	16
	A Gen	Attribut (Adjektiv) neben einem Genitivattribut	16
	GS	Gliedsatz (Nebensatz) als Attribut	39
	P	Prädikativum (Substantiv; Adjektiv; Partizip)	44; 51
5.4		**Erweiterungen der adverb. Bestimmung**	
	A	Attribut (Adjektiv)	9
	Ap	Apposition (Substantiv im gleichen Kasus)	9
	Gen	Attribut (Substantiv im Genitiv)	16
	P	Prädikativum (Substantiv; Adjektiv; Partizip; nd-Form)	97

VORWORT

Siebenjährige Erfahrungen mit dem Lateinlehrgang IANUA NOVA, neue Forderungen der Fachdidaktik und geänderte Richtlinien bzw. Lehrpläne mehrerer Bundesländer haben dazu geführt, daß die Lehrbücher A I und A II inzwischen in veränderter Auflage erschienen sind. In diese Veränderung mußte auch die Begleitgrammatik einbezogen werden.

Die Prinzipien dieser Grammatik sind gleich geblieben; im einzelnen wurde jedoch manches verbessert:

- Die Abbildung des Satzaufbaus durch Symbole wurde verdeutlicht und vereinheitlicht.
- Die Beschreibungssprache wurde konkreter gefaßt und vereinfacht; dies ist besonders mit Blick auf Schüler von 5. und 6. Klassen geschehen, in denen die IANUA NOVA in zunehmendem Maße eingesetzt wird.
- Erscheinungen des Deutschen, die im Lateinunterricht wichtig sind, wurden verstärkt berücksichtigt; so sind z.B. die Abschnitte über das Perfekt und den Konjunktiv im Deutschen neu aufgenommen (§§ 21 und 84).

Dagegen wurden die Abschnitte über das Supinum (bisher § 81), den Potentialis (bisher § 91), den Prohibitivus (bisher § 92) und die Pronominaladverbien (bisher § 110) nach hinten gestellt (als §§ 134–136 und 139); sie sind auch in den Lehrbüchern nicht mehr als Pflichtlernstoff enthalten, da sie für die Mittelstufenlektüre nur eine geringe Rolle spielen. Dementsprechend mußte die Zählung im Bereich der Paragraphen 75–81, 83–84, 91–93, 97–114, 134ff. geändert werden.

Ein * vor dem § zeigt an, daß Stoff behandelt wird, der nur in Ausgabe A vorkommt. Zwei ** bedeuten, daß der Inhalt dieses Paragraphen erst für Band III der IANUA NOVA wichtig ist.

Wenn der Fachlehrer dies berücksichtigt und darüberhinaus bedenkt, daß die veränderte Auflage in vielen Einzelheiten Verbesserungen für den Schüler bringt, dann steht der gleichzeitigen Verwendung dieser Auflage mit früheren in ein und derselben Klasse grundsätzlich nichts im Wege.

I LECTIO PRIMA

§ 1 Die lateinische **Sprache** besteht ebenso wie die deutsche aus einzelnen Wörtern.
A Diese **Einzelwörter** fassen wir nach **Wortarten** zu Gruppen zusammen und unterscheiden z.B.:

Verben (Tätigkeitswörter): servīre – dienen; numerāre – zählen.

Substantive (Hauptwörter): ōceanus – Ozean; spēs – Hoffnung;
auch Eigennamen gehören dazu: Mārcus, Paula, Britannia.

Im Gegensatz zum Deutschen kennt die lateinische Sprache keinen Artikel (Geschlechtswort; bestimmt: der, die, das; unbestimmt: ein, eine, ein); spēs kann also „**die** Hoffnung", „**eine** Hoffnung" oder einfach „Hoffnung" bedeuten.

Pronomina (Fürwörter): quis? – wer?; quid? – was?

Adjektive (Eigenschaftswörter): bonus – gut; novus – neu.

Adverbien (Umstandswörter): saepe – oft; libenter – gern.

Substantive und Adjektive bilden zusammen die Gruppe der **Nomina.**

Von **Verben, Substantiven, Adjektiven** und **Pronomina** können wir im Lateinischen wie im Deutschen **verschiedene Formen** bilden, z.B.: zählen – er zählt; der gute Herr – die guten Herren; wer? – wessen?

Adverbien haben nur **eine feste Form:** oft; gern.

Übersicht:

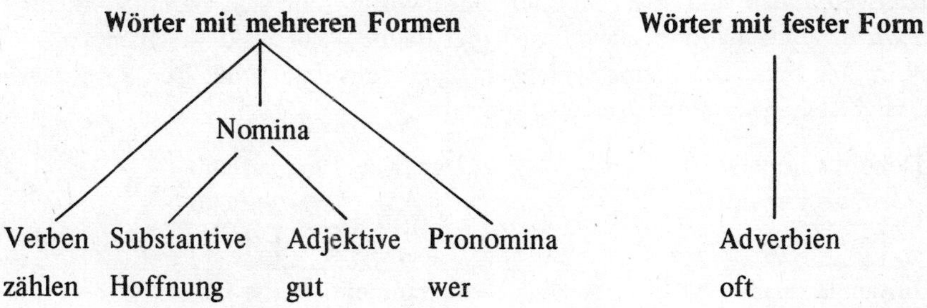

B **Betonung:**

	drittletzte Silbe	**vorletzte Silbe**	**letzte Silbe**
1. Rọ̄ma		Rō	ma
Sỵrus		Sy	rus
2. camẹ̄lus	ca	mē	lus
fenẹstra	fe	ne	stra
ị̄nsula	īn	su	la

1. **Zweisilbige Wörter** werden **auf der ersten = vorletzten Silbe** betont (Rọ̄ma; Sỵrus).

2. **Drei- und mehrsilbige Wörter** werden **auf der vorletzten Silbe** betont, **wenn** sie **lang** ist (camēlus; fẹnẹstra), **sonst auf der drittletzten** (ị̄nsula).

Eine Silbe ist lang, wenn

1. ihr **Vokal** (Selbstlaut: a, e, i, o, u, y) lang ist; (Ein langer Vokal wird in dieser Grammatik durch einen waagerechten Strich darüber gekennzeichnet.)
2. sie einen **Diphthong** (Doppelvokal: ae, eu, oe) enthält, z.B.: **saepe**;
3. auf einen kurzen Vokal zwei oder mehr **Konsonanten** (Mitlaute: b, c, d usw.) folgen, z.B.: fenẹ**stra**. (In § 1 B und C sind die betonten Silben durch einen Punkt unter dem Vokal bezeichnet.)

C Im Lateinischen werden **alle Wörter klein geschrieben.** Ausnahmen:

1. Das Wort hinter einem Punkt wird groß geschrieben;
2. Eigennamen werden groß geschrieben, ebenso Adjektive und Adverbien, die von Eigennamen gebildet sind (Latium – **L**ạtium; die lateinische Sprache – lịngua **L**atị̄na; lateinisch zählen – **L**atị̄nē numerạ̄re).

§ 2 Mit Hilfe der Sprache verständigen sich die Menschen untereinander: sie sprechen. Beim Sprechen machen sie **Aussagen,** in denen **Einzelwörter sinnvoll zu Sätzen verbunden** sind; die Form der Einzelwörter kann sich ändern: z.B. finden wir die Einzelwörter „das Pferd – der Baum – der Wald – schleppen – aus“ in dem Satz: **Die** Pferde schleppen Bäum**e** aus **dem** Wald. Den Sinn dieses Satzes versteht jeder, der Deutsch kann.

1. Dominus imperat.	Der (Ein) Herr befiehlt.
2. Quis imperat?	Wer befiehlt?
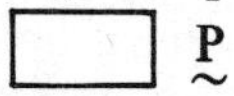	
3. Britannia īnsula est.	Britannien ist eine Insel.
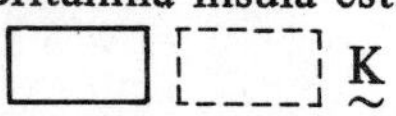	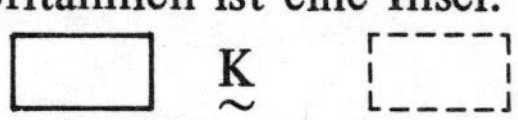

Jeder Satz besteht aus einzelnen Gliedern; wichtig sind vor allem die **Satzglieder Prädikat** (Satzaussage) und **Subjekt** (Satzgegenstand). Sie bestimmen in erster Linie darüber, was gesagt wird.

Wir wollen in dieser Grammatik die einzelnen Satzglieder auch **anschaulich** vor Augen haben; dazu verwenden wir Zeichen wie Rechteck, Kreis, Dreieck und Schlangenlinie. Für das **Satzglied Subjekt** verwenden wir das **Rechteck** , für das **Prädikat** die Schlangenlinie. Eine Zusammenstellung der häufig vorkommenden Zeichen finden wir ganz vorn in diesem Buch.

Prädikat kann sein

a) ein **Vollverb**: $\underset{\sim}{P}$

b) das **Hilfsverb**: $\underset{\sim}{K}$ Erst zusammen mit einem weiteren Teil, dem **Prädikatsnomen** (Satz 3: „īnsula" neben „est") ist diese Aussage über das Subjekt vollständig. Wenn nämlich jemand sagt: „Britannien ist" und dann abbricht, fragen wir nach dem Prädikatsnomen: **was ist** denn Britannien? Das Hilfsverb bezeichnen wir als **Kopula** (Bindung).

Verbformen: vocat – pāret – audit – vincit – est.
Alle diese Verbformen haben die Endung **-t**.
Ein **Kennzeichen** dieser Art nennen wir **Morphem**.

Subjekt kann sein

a) ein **Substantiv** (auch: Eigenname) mit verschiedenen Ausgängen: { dominus / Britannia / diēs / victor }

b) ein **Pronomen** (hier: Fragepronomen): quis? quid?

Pronomen heißt Stellvertreter. So zeigt z.B. das Satzbild zu den Sätzen 1 und 2, daß das Pronomen „quis" das Substantiv „dominus" an der Stelle [ ] vertritt.

Die Form, die das Subjekt in diesen Sätzen hat, nennen wir **Nominativ** („Nenn"-form oder **Grundform**) und bezeichnen damit einen bestimmten **Kasus** (Fall). Wir fragen nach dem Subjekt eines Satzes mit der Frage „wer oder was?".

In Satz 3 vervollständigt erst das Prädikatsnomen (PN) die Aussage über das Subjekt (S). Deshalb erhält das PN dasselbe Kennzeichen wie das S, nur gestrichelt [- - -]; beide stehen in demselben Kasus, hier: Nominativ. Unsere **Satzbilder**:

1. Dominus imperat.	3. Britannia īnsula est.
[Nom] $\underset{\sim}{P}$	[Nom] [- Nom -] $\underset{\sim}{K}$

Prädikat kann sein: **Vollverb**	– **Hilfsverb mit Prädikatsnomen.**
Subjekt kann sein: **Substantiv**	– **Eigenname** – **Pronomen.**

LECTIO SECUNDA

§ 3

A

1. **Quem** Valeria vocat? — **Wen** ruft Valeria?

   (?) [Nom] P — (?) P [Nom]

2. Valeria **servum** vocat. — Valeria ruft **(einen) den Sklaven**.

   [Nom] (Akk) P — [Nom] P (Akk)

Das Prädikat fordert oft eine weitere Aussage, eine **Ergänzung**. Wir können nach einer Ergänzung des Prädikats z.B. mit „wen oder was" fragen. Das Satzglied, das auf diese Frage antwortet, bezeichnen wir als **Objekt**, als Zeichen haben wir den Kreis gewählt ( ); die Form des Objekts, also den **Kasus**, nennen wir **Akkusativ**; das neue Satzglied heißt **Akkusativ-Objekt**, kurz: AO, (Akk).

Der „Schlangenpfeil" zeigt an, daß sich die Tätigkeit des Subjekts auf das Objekt richtet: Valerias Rufen richtet sich auf den Sklaven. Der **Akkusativ** ist allgemein der **Richtungskasus**. Verben, die ein (Akk) bei sich haben können, nennen wir **transitive** Verben (trānsīre – hinübergehen, so wie der Schlangenpfeil vom Verb zum (Akk) „hinübergeht"). Verben, die kein (Akk) haben können, heißen **intransitive** Verben.

Da die lateinische Sprache keinen Artikel hat, können wir den Kasus nur am Wortausgang erkennen: der **Akkusativ** hat das **Morphem -m.**

B

1. a) **Quō** Gāius nāvigat? — **Wohin** segelt Gajus?

   △? [Nom] P — △? P [Nom]

   b) Gāius **ad īnsulam** nāvigat. — Gajus segelt **zur Insel.**

   [Nom] △Akk P — [Nom] P △

2. a) **Quamdiū** Gāius nāvigat? — **Wie lange** segelt Gajus?

   △? [Nom] P — △? P [Nom]

   b) Gāius **ūnum diem** nāvigat. — Gajus segelt (nur) **einen Tag.**

   [Nom] △Akk P — [Nom] P △Akk

Der **Akkusativ** als **Richtungskasus erweitert das Prädikat** auch in anderer Weise. Er kann z.B.

1. die Frage nach dem **Ziel (wohin?** – **quō**?) beantworten. In der Antwort tritt zum Akkusativ meist eine **richtungweisende Präposition** (Verhältniswort; z.B. **ad** – zu ... hin; **in** – in; in ... hinein; gegen; **per** – durch ... hindurch);
2. die Frage nach der **Ausdehnung in Raum oder Zeit** (wie weit?; **wie lange**? – quamdiū?) beantworten.

Aussagen, die ein Prädikat in dieser Weise erweitern, nennen wir **adverbiale Bestimmung**, als Zeichen benutzen wir das Dreieck ▲. Meistens weist eine Präposition darauf hin, welche Aufgabe der Kasus genau hat.

Häufig besteht die adverbiale Bestimmung nur aus einem Wort (z.B. saepe – oft; semper – immer). Dann sprechen wir von einem **Adverb** ▲Adv (**ad verb**um – **zum Verb** gehörig).

§ 4 1. a) Diēs nov**us** nov**am** spem apportat. Ein **neuer** Tag bringt **neue** Hoffnung.

Nom A A Akk P — A Nom P A Akk

b) Gāius agricola·Rōmān**us** est. Gajus ist ein **römischer** Bauer.

Nom Nom A K — Nom K A Nom

Oft verlangt der Satz, daß ein Substantiv in seiner Beschaffenheit, seiner **Eigenschaft** genauer beschrieben wird. Wir fragen z.B.: **Welcher** Tag bringt neue Hoffnung? oder: **Was für ein Bauer** ist Gajus? Die Antwort gibt jeweils ein **Adjektiv** (Eigenschaftswort), das dem Substantiv „beigefügt" wird. Wir sagen: das Substantiv ist durch ein **Attribut** (Beifügung) erweitert. In unseren Beispielsätzen haben wir mehrere adjektivische Attribute: nov**us** zu di**ēs**; nov**am** zu spe**m**; Rōmān**us** zu agricol**a**.

Ein Adjektiv tritt in verschiedenen Formen auf, je nachdem, auf welches Satzglied es bezogen ist. Das Wort, auf das die Endung des Adjektivs hinweist, nennen wir **Beziehungswort.** So gehört „nov**us**" zu „di**ēs**", da es wie dieses Wort im Nominativ steht, „nov**am**" gehört zu „spe**m**", da beide Wörter Akkusativ sind. **Beziehungswort und adjektivisches Attribut stimmen also im Kasus überein.** „Nov**us**" und „Rōmān**us**" zeigen aber auch den Ausgang wie „domin**us**" (Herr), „nov**am**" wie „domin**am**" (Herrin): also zeigt ein **Adjektiv als Attribut** auch **das gleiche Genus** (Geschlecht) **wie sein Beziehungswort.**

1. **Maskuline** (männliche) **Formen:**	2. **Feminine** (weibliche) **Formen:**
Nom. m. domin**us** bon**us** di**ēs** nov**us** labor magn**us**	**Nom. f.** domin**a** bon**a** sp**ēs** nov**a**
Akk. m. domin**um** bon**um** di**em** nov**um** labōr**em** magn**um**	**Akk. f.** domin**am** bon**am** spe**m** nov**am**

2. a) Syrus **servus** labōrat. Der **Sklave** Syrus arbeitet.

Nom Ap P — Ap Nom P

b) Mārcus Lūcium **amīcum** vīsitat. Markus besucht **seinen Freund** Lucius.

Nom Akk Ap P — Nom P Ap Akk

Ein Substantiv kann auch durch ein **Substantiv im gleichen Kasus** erweitert sein (hier: servus zu Syrus; amīcum zu Lūcium). Eine Erweiterung dieser Art nennen wir **Apposition** (Ap). Im Lateinischen folgt die Apposition im allgemeinen ihrem Beziehungswort, im Deutschen tritt sie wie das adjektivische Attribut davor: Syrus servus : der Sklave Syrus; Lūcium amīcum : seinen Freund Lucius.

Im Deutschen verwenden wir anstelle des bestimmten Artikels gern ein **Possessivpronomen** (besitzanzeigendes Fürwort), hier: **seinen** Freund statt **den** Freund.

Um die Beziehung des Adjektivs als Attribut oder des Substantivs als Apposition anschaulich zu machen, erhalten diese Erweiterungen jeweils das Zeichen ihres Beziehungswortes, das zum Beziehungswort hin geöffnet bleibt:
diēs novus [Nom] A]; Lūcium amīcum (Akk) Ap).

Ein **Satz** kann folgende **Erweiterungen** enthalten:

1. **Ergänzung des Prädikats** durch den **Akkusativ** als **Richtungskasus**
   1.1 auf die Frage, auf **wen oder was** die Handlung des Prädikats gerichtet ist, (Akk)
   1.2 auf die Fragen, **wohin, wie weit, wie lange** die Handlung des Prädikats zielt oder sich erstreckt. △Akk

   Verben, deren Handlung auf ein Akkusativ-Objekt gerichtet ist, nennen wir **transitiv**, Verben, die nicht durch ein Akk.Objekt ergänzt werden können, **intransitiv**.
2. **Nähere Beschreibung eines Substantivs**
   2.1 durch das **Adjektiv** als **Attribut**,
   2.2 durch das **Substantiv im gleichen Kasus** als **Apposition**.

III LECTIO TERTIA

§ 5

1. Mārcus **et** Lūcius amīcī sunt. 1.[Nom] 2.[Nom] [Nom] K	Markus **und** Lucius **sind Freunde**.
2. Fābulae novae līberōs dēlectant. [Nom] A] (Akk) P	Neue Geschichten erfreuen **die Kinder**.
3. Syrus multās fābulās nārrat. [Nom] (A (Akk) P	Syrus erzählt viele Geschichten.

Verben, Substantive und Adjektive treten nicht nur im **Singular** (Einzahl) auf; daneben gibt es wie im Deutschen den **Plural** (Mehrzahl). Singular und Plural fassen wir unter dem Begriff **Numerus** (Zahl) zusammen.

Ein **Subjekt im Plural** kann aus einem Wort im Plural (hier: fābul**ae** – Geschich**ten**) oder aus der Aufzählung von mehreren Wörtern im Singular oder Plural (hier: Mārcu**s et** Lūci**us**) bestehen. Dem Numerus des Subjekts entspricht auch der Numerus des Prädikats (hier: nār**rat Sg.** neben Syrus **Sg.**; aber: dēlect**ant Pl.** neben fābul**ae Pl.**, und s**unt Pl.** neben Mārcus **et** Lūcius). Diese **Übereinstimmung** von **S**ubjekt und **P**rädikat nennen wir **SP-Kongruenz.**

Wenn das Prädikat eines Satzes aus Kopula und Prädikatsnomen besteht, dann zeigt **auch** das **PN** die **SP-Kongruenz** (hier: amīcī s**unt**).

4.a) Diēs novus novās spēs apportat. Ein neuer Tag bringt neue Hoffnungen.

Nom A A Akk P

Wie wir bereits wissen, kann ein Adjektiv Attribut sein; es stimmt dann in Kasus und Genus mit seinem Beziehungswort überein (§ 4.1). Jetzt sehen wir, daß es mit seinem Beziehungswort auch im **Numerus** übereinstimmt: zu dem Nom. **Sg.**m. „diēs" tritt als Attribut „nov**us**" im Nom.**Sg.**m. hinzu, zu dem Akk.**Pl.**f. „spēs" gehört als Attribut „nov**ās**" im Akk.**Pl.**f.

Wir sagen: zwischen einem Attribut und seinem Beziehungswort besteht **KNG-Kongruenz** (Übereinstimmung in **K**asus, **N**umerus und **G**enus).

4.b) Līberī laetī sunt. Die Kinder sind fröhlich.
Gāius sevērus est. Gajus ist streng.

Nom Nom K

Auch ein Adjektiv kann Prädikatsnomen sein. Wir fragen: „Was sind die Kinder?" und „Was ist Gajus?". Auch als PN stimmt das Adjektiv mit seinem Beziehungswort in Kasus, Numerus, Genus überein: auch hier besteht **KNG-Kongruenz.**

5. Nunc fēriae longae sunt. Jetzt sind große Ferien.
Ibi arbor alta est. Dort ist ein hoher Baum.

Adv Nom A P

Beide Sätze zeigen, daß **„est"** und **„sunt" nicht immer Kopula** (K) mit einem PN sind. Hier ist „est" bzw. „sunt" Vollverb (P). In diesem Fall übersetzen wir „est" bzw. „sunt" möglichst nicht mit „ist" bzw. „sind"; wir sagen etwa: Dort **steht** ein hoher Baum.

6. **Formenübersicht** (Verben):

Sg.		**Pl.**	
	est		sunt
	lauda**t**		lauda**nt**
	gaude**t**		gaude**nt**
	audi**t**		audiu**nt**
	lūdi**t**		lūdu**nt**
	fugi**t**		fugiu**nt**

Die Verbformen zeigen im **Singular** das Morphem **-t**,
im **Plural** das Morphem **-nt.**

7. **Formenübersicht** (Substantive und Adjektive):

Nom.Pl.m.	dominī	bonī	**Nom.Pl.f.**	dominae bonae
	diēs	novī		spēs novae
	labōrēs	magnī		
Akk.Pl.m.	dominōs	bonōs	**Akk.Pl.f.**	dominās bonās
	diēs	novōs		spēs novās
	labōrēs	magnōs		

Wie im Singular zeigen die **Nominative der Substantive** auch im Plural **verschiedene Ausgänge.** Alle **Akkusative** haben im Plural das Morphem **-s.**

Die Adjektive zeigen verschiedene Formen für Maskulinum und Femininum. Sie bieten damit häufig die Möglichkeit, mehrdeutige Formen eines Substantivs eindeutig zu bestimmen:

diēs?	Nom.Sg.? Nom.Pl.? Akk.Pl.?	**aber:**	diēs novus (Nom.Sg.)	diēs novī (Nom.Pl.)	diēs novōs (Akk.Pl.)
labōrēs?	Nom.Pl.? Akk.Pl.?	**aber:**	labōrēs magnī (Nom.Pl.)	labōrēs magnōs (Akk.Pl.)	

§ 6 Gāius sevērus est. Servōs saepe pūnit. — Gajus ist streng. **Er** bestraft seine Sklaven oft.

Nom | Nom | K | Akk | Adv | P + □

Wir sprechen von einer **Satzreihe,** wenn zwei oder mehr Sätze, die inhaltlich zusammengehören, aufeinander folgen. Wenn in einer Satzreihe das Subjekt gleich bleibt, wird es im Lateinischen nicht wiederholt. Es erscheint also ein **Satz ohne Subjektswort,** das Subjekt ist im Prädikat mit ausgedrückt; wir schreiben daher P + □ . Im Deutschen aber muß das Subjekt durch ein besonderes Wort wiederaufgenommen werden; dieser Stellvertreter ist meist ein Personalpronomen (hier: **er** aus „pūnit", bezogen auf Gajus als **Sg.**).

1. **SP-Kongruenz** bedeutet, daß **S**ubjekt und **P**rädikat im Numerus **übereinstimmen.**
2. **KNG-Kongruenz** bedeutet, daß ein Adjektiv als Attribut oder als Prädikatsnomen im **K**asus, **N**umerus und **G**enus mit seinem Beziehungswort **übereinstimmt.**
3. **Est** bzw. **sunt** kann **Vollverb** sein.
4. In einer **Satzreihe** braucht **dasselbe Subjekt nicht erneut** durch ein eigenes Wort **ausgedrückt** zu sein.

LECTIO QUARTA

§ 7 1.a) Mārcus equum cupit. — Markus wünscht ein Pferd. Markus möchte ein Pferd.

Nom {Akk / inf} ← P

b) Mārcus equitāre cupit. — Markus wünscht **zu reiten.** Markus möchte **reiten.**

Ebenso wie ein Substantiv kann auch eine besondere Verbform die Stelle Objekt füllen (hier: equum bzw. equitāre). Eine Verbform dieser Art nennen wir **Infinitiv.**

Vergleiche: equitāre – terrēre – audīre – legere – cupere
Diese Infinitive zeigen alle das **Morphem -re.**

Hinweis: Wir bezeichnen die anderen Verbformen, wie wir sie in der **Formenübersicht** (§ 5.6) zusammengestellt haben, als **finite Verbformen.** Im Gegensatz zum Infinitiv kann man an finiten Verbformen Person und Numerus genau bestimmen (fīnīre – begrenzen, bestimmen). Den Infinitiv nennen wir auch die **Grundform** eines Verbs.

2. Mārcus equum capere cupit. — Markus wünscht, ein Pferd zu fangen.

Nom Akk ← inf ← P

Wie in Satz 1.b) ergänzt ein Infinitiv (hier: capere) das Prädikat. Neu aber ist: auch der Infinitiv kann die gleiche Ergänzung haben wie ein finites Verb (hier: equum).

§ 8 1.a) Mārcus equum cupit. — Markus wünscht ein Pferd.

Nom {Akk / aci} ← P

b) Mārcus Lūcium equitāre cupit. — Markus wünscht, daß Lucius reitet.

In Satz 1.a) bildet **equum** das **Akkusativobjekt** zu cupit.

In Satz 1.b) dagegen besteht das Objekt aus einem **Substantiv im Akkusativ** (Lūcium) **und** einem **Infinitiv** (equitāre): Dieses Objekt enthält die Aussage „Lucius reitet". Wir sehen, daß der **Akkusativ** (Lūcium) das **Subjekt,** der **Infinitiv** (equitāre) das **Prädikat** dieser Aussage bildet. Im Lateinischen wird diese Aussage also durch einen **Akkusativ mit** einem **Infinitiv** ausgedrückt; wir sprechen von einem **aci** (accūsātīvus cum īnfīnītīvō). Den Akkusativ im aci nennen wir **Akkusativsubjekt**, den Infinitiv **Infinitivprädikat.**

Im Satzbild schreiben wir daher:

Mārcus Lūcium equitāre cupit. — Markus wünscht, daß Lucius reitet.

Akk inf

Nom aci P

Es empfiehlt sich, bei der **Übersetzung eines aci** zunächst einen Gliedsatz (GS) mit „daß" zu bilden, in dem der **Akkusativ** zum **Subjekt** wird (hier: **Lūcium** → Lucius), der **Infinitiv** zum **Prädikat** (hier: **equitāre** → reitet).

Beachte: Im Deutschen **Gliedsatz**, im Lateinischen **Satzglied** (daher im Lateinischen kein Komma!).

2.a) Mārcus equum capere cupit. — Markus wünscht, ein Pferd zu fangen.

Nom Akk inf P

Akk inf

Nom aci P

b) Mārcus Lūcium equitāre cupit. — Markus wünscht, daß Lucius reitet.

Die Sätze 2.a) und b) haben scheinbar den gleichen Aufbau (Nom – Akk – inf – P). Aber Satzbild und Übersetzung zeigen, daß **die gleichen Wortformen** in beiden Sätzen **verschiedene Funktionen (Aufgaben)** haben: In Satz a) ist der Infinitiv „capere" AO zu cupit, und der Akkusativ „equum" ist AO zu capere.

In Satz b) dagegen bilden der Akkusativ „Lūcium" und der Infinitiv „equitāre" zusammen das AO zu cupit, d.h., mit diesem AO wird nicht ein Gegenstand bezeichnet, sondern ein Sachverhalt ausgedrückt, den man auch in einem selbständigen Satz wiedergeben kann: Lucius reitet – das wünscht Markus.

Hinweis: Ein aci liegt nur vor, wenn ein Akkusativ-Subjekt vorhanden ist; „equum capere" ist also kein aci!

3. Lūcius Mārcum amīcum malum esse dīcit. — Lucius sagt, daß Markus ein schlechter Freund ist.

Akk Akk A inf

Nom aci P

In diesem Satz besteht das Infinitivprädikat des aci aus der Kopula „esse"; auch hier steht das PN entsprechend der KNG-Kongruenz (§ 5.4) in demselben Kasus wie sein Beziehungswort (hier: **amīcum malum** wie **Mārcum**).

Die lateinische Sprache kann eine Aussage, die im Deutschen die Form eines Gliedsatzes hat, als **Satzglied** wiedergeben, z.B. als Objekt in der Form eines (aci) .

Im aci stehen Aussagen, die abhängig sind von Verben, die bedeuten

ein **Veranlassen**	z.B.	iubēre	– befehlen
ein **Wahrnehmen**	z.B.	vidēre	– sehen
ein **Sagen**	z.B.	dīcere	– sagen
ein **Denken**	z.B.	scīre	– wissen
ein **Empfinden**	z.B.	gaudēre	– sich freuen

V LECTIO QUINTA

§ 9 A

1. Gāius convīvās cēnā bonā dēlectat.
Nom Akk Abl A P

Gajus erfreut seine Gäste **mit** einem guten Essen.

Die **adverbiale Bestimmung** (§ 3 B) gibt hier die Antwort auf die Frage, **womit/ wodurch** (quā rē) etwas geschieht. Die lateinische Sprache hat hier einen besonderen Kasus, den das Deutsche nicht hat: den **Ablativ** (Abl., hier: cēnā bonā). Er kann **Mittel** oder **Werkzeug** angeben.

2.a) Mārcus **cum** Cornēliā sorōre intrat.
Nom Abl Ap P

Markus tritt **mit** seiner Schwester Cornelia ein.

b) Magnō **cum** labōre mēnsās portant.
A Abl Akk P + □

Unter großer Anstrengung schleppen sie Tische.

Auch die Aussage, **mit wem** zusammen/**in wessen Begleitung** (quōcum?) etwas geschieht, steht im Lateinischen im **Ablativ.** Als Kennzeichen gemeinsamen Handelns steht die Präposition **cum – mit** (manchmal auch „ūnā cum" mit derselben Bedeutung) vor dem Ablativ (hier: **cum** Cornēliā sorōre).

Ebenso wird ein **Umstand, der** die Handlung **begleitet**, im **Ablativ** (meist mit der Präposition cum) wiedergegeben (hier: magnō cum labōre).

3. Mēnsās ē vīllā in hortum portant.
Akk Abl Akk P + □

Sie tragen Tische **aus** dem Landhaus in den Garten.

Im **Ablativ** – meistens mit einer Präposition (z.B.: ā, ab – dē – ē, ex – sine) – steht auch die **adverbiale Bestimmung** der **Herkunft** auf die Frage **woher** (unde?), ferner alle Angaben über eine **Trennung** auf die Frage **von wo.**

4.a) **In** hortō **sub** arbo**ribus** cōnsīdunt.
Abl Abl P + □

Im Garten setzen sie sich **unter** Bäumen hin.

b) Hōrā vespertīnā convīvae surgunt.
Abl A Nom P

Zur Abendstunde erheben sich die Gäste.

Auf die Frage **wo** (ubi?) bzw. **wann** (quandō?) enthält der **Ablativ** Angaben über die **Lage in Raum** (hier: **in** hortō) **oder Zeit** (hier: hōrā vespertīnā).

Der Ablativ als Kasus der abverbialen Bestimmung:

Inhalt	Frage	Präposition	lat. Bezeichnung
1 **Mittel**	womit, wodurch	– –	abl. **īnstrūmentālis**
2a **Begleitung**	mit wem	cum	abl. **sociātīvus**
2b **begleitender Umstand**	wie	(cum)	abl. **modālis**
3 **Herkunft oder Trennung**	von wo, woher	ē,ex,ā,ab,dē,sine	abl. **sēparātīvus**
4a **Lage im Raum**	wo	in, sub	abl. **locātīvus**
4b **Lage in der Zeit**	wann	– –	abl. **temporālis**

B Formen des Ablativs:

Nom.Sg.	**Abl.Sg.**		**Abl.Pl.**	
amīcus	amīcō		amīcīs	
silva	silvā		silvīs	
diēs	diē			diē**bus**
labor		labōre		labō**ribus**

Der **Abl.Sg.** stimmt weitgehend mit dem Stamm eines Nomens überein (hier: amīcō, silvā, diē). Das kurze -e im Abl.Sg. von labōr**-e** gehört dagegen nicht zum Stamm, sondern ist **Morphem.** Der **Abl.Pl.** zeigt in der o- und a-Deklination das **Morphem -īs**, in der e-Deklination **-bus** und in der konsonantischen Deklination **-ibus.**

C Nomina mit gleichen Merkmalen (gleicher Stammauslaut und gleiche Kasus-Formen!) fassen wir zu **Deklinationen** zusammen und benennen sie nach ihrem **Stammauslaut.** Am **Abl.Sg.** erkennen wir also, zu welcher Deklination ein Nomen gehört:

a) **a-Deklination** (Abl.Sg. -ā; hier: silvā),
o-Deklination (Abl.Sg. -ō; hier: amīcō),
e-Deklination (Abl.Sg. -ē; hier: diē).

Diese Deklinationen fassen wir unter der Bezeichnung **vokalische Deklinationen** zusammen, da in ihnen alle Wörter einen Vokal als Stammauslaut haben.

b) Da das kurze **-e** im Abl.Sg. von Wörtern wie labōr**-e** nicht zum Stamm gehört, endet der Stamm auf einen Konsonanten; wir fassen Wörter dieser Art unter der Bezeichnung **konsonantische Deklination** zusammen.

> 1. Der **Ablativ** ist vor allem der **Kasus der adverbialen Bestimmung.** Er bezeichnet das **Mittel**, die **Begleitung** und **begleitende Umstände**, die **Herkunft** oder **Trennung** und die **Lage in Raum und Zeit.**
> 2. Der **Abl.Sg.** zeigt, ob ein Wort zu einer **vokalischen Deklination** (-ā, -ō, -ē) oder zur **konsonantischen Deklination** (-e) gehört.

VI LECTIO SEXTA

§ 10 1. Mārcus amīcōs interrogat: „Quō properātis?“ — Markus fragt seine Freunde: „Wohin eilt ihr?“

Nom Akk P Adv P + □

In dem Satz vor dem Doppelpunkt erkennen wir am Subjekt (Mārcus) und am Prädikat (interrogat), daß Markus etwas tut. Zugleich erfahren wir, welche Rolle in diesem Satz die Freunde spielen: Der Richtungskasus Akkusativ „amīcōs“ gibt an, daß Markus seine Frage an die Freunde richtet. Die Freunde sind also **angesprochen.**

In der Frage selbst wird an der Form des Prädikats deutlich, daß die Freunde die **angesprochenen Personen** sind (proper**ātis** – **ihr** eilt; hier als Frage: eilt **ihr**?). Deswegen ist im Lateinischen kein besonderes Wort nötig, um die Stelle Subjekt zu füllen: proper**ātis.**

P + □

2. Amīcī respondent: „In circum properāmus. — Die Freunde antworten: „Wir eilen in den Zirkus.

Nom P Akk P + □

Ibi equī currunt.“ — Dort laufen Pferde.“

Adv Nom P

In dem Satz vor dem Doppelpunkt erkennen wir am Subjekt (amīcī) und am Prädikat (respondent), daß hier die Freunde eine andere Rolle spielen: Sie antworten auf die Frage. In ihrer Antwort sprechen sie zuerst von sich, d.h. in der Antwort übernehmen die **sprechenden Personen** die Rolle des Subjekts. Dies können wir an der Form des Prädikats erkennen: proper**āmus** – **wir** eilen.

Im zweiten Satz der Antwort finden wir keine Aussage über die sprechenden Personen, sondern über die Pferde im Zirkus. Daher sind die Pferde (equī) – als **Besprochene** – Subjekt des Satzes, und das zeigt auch die Endung des Prädikats: curr**unt** – **sie** lau**fen**.

3. Lūcius Mārcum interrogat: „Cūr nōn venīs in circum?"	Lucius fragt Markus: „Warum komm**st** **du** nicht in den Zirkus?"
Mārcus respondet: „Iam veni**ō**, iam ads**um**."	Markus antwortet: „**Ich** komm**e** schon, **ich** bi**n** schon da."

Diese Sätze zeigen, daß das oben Gesagte auch für den Singular gilt. In dem Fragesatz ist die **angesprochene Person** (Mārcus) das Subjekt; das zeigt die Form des Prädikats (venī**s** – **du** komm**st**; hier als Frage: komm**st** **du**?). In der Antwort ist der **Sprecher** (Markus) selbst Subjekt; wir erkennen dies wieder an der Form des Prädikats (veni**ō** – **ich** komm**e**; ads**um** – **ich** bi**n** da).

Allgemein sagen wir jetzt: In jedem beliebigen Satz im Lateinischen wie im Deutschen können wir einen Sprechenden, einen Angesprochenen oder einen Besprochenen (oder: etwas Besprochenes) unterscheiden. Das gilt auch für Sätze, die geschrieben oder gedruckt sind; Sprechender ist hier der Verfasser, Angesprochener der Leser. Sprechende, Angesprochene und Besprochene (Personen oder Dinge) treten einzeln oder in Gruppen auf (Singular oder Plural). An der Endung der Verbform (**Personalmorphem**) erkennt man, wer gemeint ist. (Das erkennen wir natürlich auch an den Subjektswörtern.)

	Sg.	Pl.
a) Der **Sprechende** (ich; wir) gilt als **1. Person** und wird kenntlich an den Morphemen	**-ō/-m**	**-mus**
b) Der **Angesprochene** (du; ihr) gilt als **2. Person** und wird kenntlich an den Morphemen	**-s**	**-tis**
c) Der (Das) **Besprochene** (er, sie, es; sie) gilt als **3. Person** und wird kenntlich an den Morphemen	**-t**	**-nt**

§ 11 1. Lūcius Mārcum interrogat: „Quid agis, **Mārcĕ**?" — Lucius fragt Markus: „Was treibst du, Markus?"

Nom Akk P Akk P + □

2. Iūlia Cornēliam vocat: „Cūr domī es, **Cornēliă**? Iacēsne in lectō?" — Julia ruft Cornelia: „Warum bist du zu Haus, Cornelia? Liegst du im Bett?"

Nom Akk P Adv Adv P + □ — P + □ Abl

1. Oft muß aus dem Zusammenhang erschlossen werden, wer eigentlich der Angesprochene ist (z.B. aus amīcōs bzw. Mārcum in den Frage- und Antwortsätzen

in § 10). Er kann aber auch direkt angesprochen werden, wie es hier mit Mārcĕ bzw. Cornēliă geschieht. Als Kasus nennen wir diese **Anredeform Vokativ** (vocāre – rufen). Der Vokativ stimmt in Singular und Plural fast immer mit dem Nominativ überein. Nur im Singular der Wörter der o-Deklination mit dem Ausgang -us finden wir als besonderes Kennzeichen -ĕ (Mārcus – Mārc**ĕ**).

Der Vokativ ist kein Glied des eigentlichen Satzes, sondern ein Einschub, der kein Satzgliedzeichen (Symbol) erhält. Er wird wie im Deutschen durch Komma vom übrigen Satz abgetrennt.

2. Im Lateinischen gibt es wie im Deutschen neben Sätzen mit Fragewort (Wortfragen) auch Fragesätze ohne selbständiges Fragewort (Satzfragen). Im Deutschen kennzeichnen wir solche Fragen durch Umstellung („Liegst du?" statt der Aussageform „du liegst"); außerdem setzen wir hinter den Fragesatz ein Fragezeichen. Beide Möglichkeiten hat der Lateiner nicht: Eine Umstellung ist nicht möglich, da die Person in der Endung der Verbform ausgedrückt wird, also nur **ein** Wort gegeben ist (iacēs – du liegst); Satzzeichen aber gab es zunächst nicht. Zur Kennzeichnung eines Satzes als Frage finden wir daher im Lateinischen die **Fragepartikel -ne** (hier: iacēsne), die sich an das erste Wort des Fragesatzes anhängt. Sie wird **nicht** durch ein eigenes Wort „**übersetzt**"; im Deutschen erscheint dafür das Fragezeichen.

§ 12 1. Venī in circum! Spectā equōs! Curre! — Komm in den Zirkus! Schau die Pferde! Lauf!

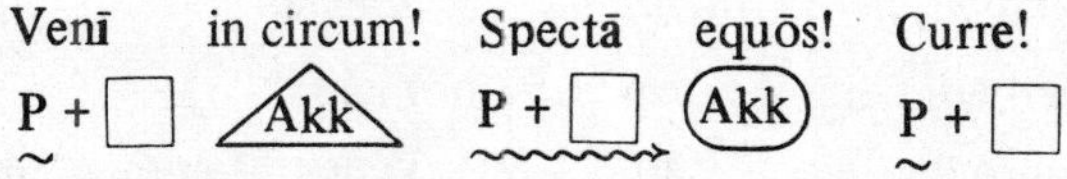

2. Ven**īte**, amīcī! Curr**ite**, proper**āte**! — Kommt, Freunde! Lauft, eilt!

Wenn der Sprechende an den Angesprochenen eine **Aufforderung** richtet oder ihm einen **Befehl** erteilt, können wir das im Lateinischen wie im Deutschen ebenfalls an der Form des Prädikats erkennen:

1. **Singular**: Wenn der Stamm des Verbs auf einen langen Vokal endet, tritt keine besondere Endung hinzu (venī; spectā). Wir sprechen hier auch vom **Null-Morphem** (als Zeichen: ∅). Bei den anderen Verben erscheint im allgemeinen ein kurzes -ĕ (curr-e).

2. **Plural**: Hier erscheint immer das Morphem **-te**.

Diese Art des Sprechens – diesen **Modus** – nennen wir **Imperativ** (Befehlsform; imperāre – befehlen), weil damit eine **Aufforderung**, ein **Befehl** ausgesprochen wird.

Wenn dagegen eine **Tatsache** festgestellt wird (z.B. Iūlia vocat; Mārcus clāmat) oder nach einer Tatsache gefragt wird (z.B. Quō properātis? Estisne in hortō?), dann nennen wir den **Modus Indikativ** (Wirklichkeitsform; indicāre – mitteilen).

§ 13 Formenübersicht:

Indikativ							
1.Sg.	laud -ō	gaude-ō	audi-ō	ag -ō	capi-ō	s-u-m	ō/m
2.	laudā-s	gaudē-s	audī-s	ag-i-s	cap-i-s	es	s
3.	lauda-t	gaude-t	audi-t	ag-i-t	cap-i-t	es -t	t
1.Pl.	laudā-mus	gaudē-mus	audī-mus	ag-i-mus	cap-i-mus	s-u-mus	mus
2.	laudā-tis	gaudē-tis	audī-tis	ag-i-tis	cap-i-tis	es -tis	tis
3.	lauda-nt	gaude-nt	audi-u-nt	ag-u-nt	capi-u-nt	s-u-nt	nt
Imperativ							
Sg.	laudā	gaudē	audī	ag-e	cap-e	es	ϕ/e
Pl.	laudā-te	gaudē-te	audī-te	ag-i-te	cap-i-te	es-te	te
Infinitiv							
	laudā-re	gaudē-re	audī-re	ag-e-re	cap-e-re	es-se	re/se

Die Übersicht zeigt, daß wir ebenso wie bei den Deklinationen (§ 9 C) auch bei der Formenbildung der Verben, die wir **Konjugation** nennen, gleichartige Wörter zu Gruppen zusammenfassen können:

1. Die **a-Konjugation** umfaßt die Verben, deren Stamm auf ein **-ā** endet,
2. die **e-Konjugation** die Verben, deren Stamm auf ein **-ē** endet,
3. die **i-Konjugation** die Verben, deren Stamm auf ein **-ī** endet.
   Bei diesen Konjugationen bildet ein Vokal (ā – ē – ī) den Stammauslaut. Daher nennen wir sie auch zusammengefaßt **vokalische Konjugationen.**
4. Bei vielen Verben endet der Stamm auf einen **Konsonanten** (hier: ag-ō). In diesem Fall sprechen wir von **konsonantischer Konjugation.** Bei diesen Verben wird wegen der Aussprache zwischen dem konsonantisch auslautenden Stamm und der konsonantisch anlautenden Personalendung (alle außer der 1. Sg.!) ein Vokal als Bindeglied eingeschoben. Diesen Vokal nennen wir **Bindevokal.**
5. Einige Verben, die wir zur capiō-Gruppe zusammenfassen, haben zwei Stämme: cap- (in den meisten Formen) und capi- (in der 1. Sg. und 3. Pl.). Weil die Formen dieser Verben sowohl an Verben der konsonantischen Konjugation (z.B.: capis – agis) wie auch an die der i-Konjugation (z.B.: capiō – audiō) erinnern, faßt man diese Gruppe von Verben auch unter der Bezeichnung **gemischte Konjugation** zusammen.
6. Dem Hilfsverbum **esse** liegt der konsonantische Stamm es- oder s- zugrunde. Die Formenbildung ist teils mit, teils ohne Bindevokal erfolgt. Besondere Endungen: **-m** = 1. Sg.; -se = Inf.; die Endung -s der 2. Sg. ist im Stammauslaut aufgegangen (es aus es-s).

1. Der **Vokativ** als Kasus der Anrede stimmt mit dem Nominativ überein. **Merke** aber: Mārcus – Mārcĕ (bei Wörtern der o-Dekl. auf -us).
2. Das **-nĕ** am ersten Wort eines Satzes weist auf einen **Fragesatz ohne selbständiges Fragewort** hin (venīsnĕ – kommst du?).
3. Der **Indikativ** kennzeichnet die Art des Sprechens (den **Modus**) als **Feststellung (Behauptung, Bericht) einer Tatsache** oder als Frage nach solchen Feststellungen.

   Der **Imperativ** kennzeichnet die Art des Sprechens (den **Modus**) als **Aufforderung** (Befehl, Verlangen o.a.).

VII LECTIO SEPTIMA

§ 14 A

Cornēlia Mārcum interrogat. Nom Akk P	Cornelia fragt Markus.
Mārcus ā Cornēliā interrogā**tur.** Nom Abl P	Markus **wird** von Cornelia **gefragt.**

In beiden Sätzen ist von demselben Sachverhalt die Rede (Cornēlia – Mārcus – interrogāre), aber der Sprecher verändert den Schwerpunkt des Satzes. Die Aussage des ersten Satzes rückt den **Handelnden** in den Vordergrund (Cornēlia Nom, interrogat P). Wir nennen diese Art der Betrachtung **Aktiv** (von agere – tun, handeln). Diese Form der Aussage betont also, daß das **Subjekt** des Satzes (hier: Cornēlia) etwas tut: Cornelia fragt nämlich. Auf wen sich ihr Fragen richtet, das gibt das **Akkusativobjekt** des Satzes an (hier: Mārcum; der Akkusativ ist ja Richtungskasus!).

Wenn dagegen die **Wirkung** in den Vordergrund gerückt wird, so daß der Handelnde zurücktritt und der- oder dasjenige betont wird, worauf die Handlung gerichtet wird (hier: Mārcus Nom, interrogātur P), dann nennen wir diese Art der Betrachtung **Passiv** (von patī – leiden, dulden).

Wie der Schlangenpfeil in den Satzbildern zeigt, richtet sich die Handlung beim **Aktiv** auf das **Akkusativobjekt**, beim **Passiv** auf das **Subjekt.**

Aktiv und Passiv bezeichnen also zwei verschiedene Arten der Betrachtung; man faßt sie unter der Bezeichnung **genus verbī** zusammen.

Anders als im Deutschen, das die passiven Verbformen durch Zusammensetzung mit „werden" (er **wird** gefragt) bildet, können im Lateinischen auch passive Verbformen **Ein-Wort-Formen** sein, indem die Personalendung an den Stamm tritt (interrogā-**tur**).

B Folgende **Personalendungen** treten als **Morpheme passiver Formen** auf:

Sg.		**Pl.**
mone-**or**	1. Pers.	monē-**mur**
monē-**ris**	2. Pers.	monē-**minī**
monē-**tur**	3. Pers.	mone-**ntur**

Die Verben der anderen Konjugationen bilden die passiven Formen in gleicher Weise. Sie sind in § 140 zusammengestellt.

C **Übersetzungsmöglichkeiten des lateinischen Passivs:**

1. Vir bonus laudātur.	Ein guter Mann **wird gelobt.** (passivisch)
2. Terra movētur.	(Die Erde wird bewegt) Die Erde **bewegt sich.** (reflexiv – auf das Subjekt bezogen) oder: Die Erde **bebt.** (intransitiv)
3. Vīvitur.	(Es wird gelebt.) **Man** lebt. (unpersönliches Aktiv)
4. Numquam cōgor.	(Ich werde niemals gezwungen.) Ich **lasse mich** niemals zwingen. (reflexiv mit „lassen")

Der Lateiner verwendet die **Passivformen viel häufiger** als der Deutsche; wir wählen in der Übersetzung lieber das Aktiv. Ein Grund dafür ist, daß die **Ein-Wort-Form** leichter zu verwenden ist als unsere **Mehr-Wort-Form**; ein anderer Grund ist, daß das lateinische Passiv eine **große Bedeutungsbreite** hat, der in der deutschen Übersetzung verschiedene Ausdrücke entsprechen können (s.o. Beispiele unter 1 bis 4).

D Das Verbum „**werden**" hat in deutschen Mehr-Wort-Formen als Hilfsverb zwei Funktionen, die zu unterscheiden sind. Wir finden es im **Passiv** und im **Futur** (Zukunft). Zum Beispiel:

1. Markus **wird** von Cornelia **gefragt.** (Passiv)
2. Markus **wird** Cornelia **fragen.** (Futur)

In diesen Sätzen unterscheiden sich die Mehr-Wort-Formen nicht in der finiten Verbform („wird"), sondern im zweiten Bestandteil, in der infiniten Verbform. Im **Passiv** ist dies die Form „gefragt"; sie heißt **Partizip.** Die Form „wird" bezeichnet hier das **Präsens** Passiv. Im **Futur** dagegen tritt als infinite Verbform der **Infinitiv** (hier: „fragen") neben die finite Form von „werden". Die Form „wird" bezeichnet hier das **Futur.**

Merke: Form von „**werden**" + **Partizip** = **Passiv,**
Form von „**werden**" + **Infinitiv** = **Futur Aktiv.**

1. **Personalendungen** als Morpheme **passiver Formen:**

Sg.	1. -(o)r	**Pl.**	1. -mur
	2. -ris		2. -minī
	3. -tur		3. -ntur

Inf. -rī bzw. -ī

2. Passive **Formen übersetzen wir häufig aktivisch:**

reflexiv	auf das Subjekt bezogen,
intransitiv	
unpersönlich	mit „man" [oder],
reflexiv	mit „lassen".

VIII LECTIO OCTAVA

§ 15 A Mārcus equō cibum apportat. — Markus bringt **seinem Pferd** Futter.

[Nom] (Dat) (Akk) P

Viele Verben können als Ergänzung des Satzes eine Angabe darüber bei sich haben, **wem** oder **für wen** (in wessen **Interesse** oder wofür/zu welchem **Zweck**) die Aussage des Prädikats gilt. Diese Auskunft gibt wie im Deutschen der **Dativ** als **Objekt** (Dat); bei transitiven Verben kann er neben dem AO als weiteres Objekt stehen (hier: equō (Dat) neben cibum (Akk)).

B 1. **Mihi** equus **est.** — **Ich** {habe / besitze} ein Pferd.

(Dat) [Nom] P — [Nom] P (Akk)

2. Magna **nōbīs** laetitia **est.** — (Wir haben große Freude – besser:) **Wir** freuen uns sehr.

[A] (Dat) [Nom] P — [Nom] P △Adv

In diesen Sätzen bildet eine Form von „esse" das Prädikat, ohne daß ein Prädikatsnomen dazutritt. Damit kann **„est" nicht Kopula** sein, **sondern** muß als **Vollverb** übersetzt werden (vgl. § 5.5). Der **Dativ** gibt hier an, **wem** bzw. **für wen** das Subjekt **da ist.** In der deutschen Übersetzung wird dieser **Dativ des Besitzers** meistens Subjekt.

C 1. Salūs vestra **Pompēiō** **cūrae** **est.** (Euer Wohl **dient Pompejus zur Sorge** – besser:) Eure Gesundheit **macht P. Sorge** oder: **liegt Pompejus am Herzen.**

Nom A Dat Dat K

2. Equitāre **mihi** **laetitiae** **est.** (Das Reiten **dient mir zur Freude** – besser:) Das Reiten **macht mir Freude** oder: ich reite gern.

inf Dat Dat K

In Verbindung mit Formen von „esse" kann ein weiterer Dativ (hier: cūrae – laetitiae) auftreten; er gibt an, **wozu** das Subjekt dient. Dieser **Dativ des Zwecks** enthält (wie das Prädikatsnomen [ ]) eine notwendige Ergänzung der Kopula K und bekommt daher ein Kennzeichen, das ebenfalls durchbrochen, aber sonst wie △ geformt ist: Dat.

Der Infinitiv kann, wie Satz 2 zeigt, auch Subjekt eines Satzes sein (vgl. Inf. als Objekt § 7).

Hinweis zu B und C:

Übersetzung von „esse" + Dat mit „haben",

„esse" + Dat + Dat zunächst mit „dienen zu".

D **Formen des Dativs:**

	Sg.	**Pl.**
cūra	cūr**ae**	cūr**īs**
equus	equ**ō**	equ**īs**
rēs	re**ī**	rē**bus**
terror	terrōr**ī**	terrōr**ibus**
Morpheme:	**-ī (-ō)**	**-īs** **-(i)-bus**

Im Plural stimmen Dativ und Ablativ überein.

Der Dativ Sg. zeigt überwiegend ein -ī als Kennzeichen. Dieses -ī ist bei den Wörtern der a-Deklination zu -e abgeschwächt; in der o-Deklination ist es im Stammauslaut verschwunden, so daß hier Dativ und Ablativ auch im Sg. gleichlauten.

1. Der Dativ gibt an, **wem** bzw. **für wen** oder/und **wofür, zu welchem Zweck** die Aussage dient. Der Dativ kann
   a) Objekt Dat eines Satzes sein,
   b) den Besitzer bezeichnen; Dat bei „esse",
   c) den Zweck angeben; Dat bei „esse" und einem weiteren Dativ Dat .
2. Dativ und Ablativ stimmen im Plural in der Form überein.

LECTIO NONA

§ 16

A

1. Faustulus clāmōrem **puerōrum** audit.
Nom Akk Gen P

Faustulus hört das Geschrei **der Kinder.**

2. Tertiā hōrā **diēī** portam aperit.
A Abl Gen Akk P + □

In der dritten Stunde **des Tages** öffnet er die Tür.

Wir erinnern uns: Ein Substantiv kann durch ein Adjektiv näher beschrieben werden (§ 4.1; hier: tertiā zu hōrā). Merkmal: KNG-Kongruenz! In unseren beiden Sätzen tritt aber ein **Substantiv als Attribut** auf, das nicht in demselben Kasus und Numerus wie sein Beziehungswort steht. In beiden Fällen gibt das Attribut an, zu wem das Beziehungswort gehört: Das Geschrei gehört zu den Kindern (1), die Stunde zum Tag (2). Der **Kasus, der** diese **Zugehörigkeit** (Besitz) ausdrückt, ist der **Genitiv.** Als **Satzglied** nennen wir diese Form des Attributs daher **Genitiv-Attribut.** Das Zeichen für Attribut erhält die Buchstaben **Gen.**

Wir erinnern uns noch einmal: Wenn ein Substantiv durch ein anderes Substantiv in demselben Kasus näher beschrieben wird, sprechen wir von Apposition (§ 4.2).

B

1. Faustulus **plēnus timōris** est.
Nom Nom Gen K

Faustulus ist **(voll von) voller Furcht.**
Oder: F. hat große Angst.

2. Puerī **memoriam rērum adversārum** servant.
Nom Akk Gen A_{Gen} P

Die Kinder (bewahren **die Erinnerung an** ...) **denken immer an das Unglück.**

In Verbindung mit einigen Adjektiven (z.B. plēnus) oder Substantiven (z.B. memoria) gibt der Genitiv den **Bereich** an, **auf den sich** die Bedeutung des Beziehungswortes **richtet.**

Wenn zu einem Genitivattribut ein Attribut hinzutritt (hier: adversārum zu rērum), so kennzeichnen wir diese Beziehung durch Tiefbuchstaben, z.B. A_{Gen}.
Dieses Zeichen lesen wir so: Attribut zum Genitivattribut des Akkusativ-Objekts.

C **Formen des Genitivs:**

	Sg.		**Pl.**	
casa lupus diēs timor	casae lupī diēī	 timōris	casārum lupōrum diērum	 timōrum
Morpheme:	**-ī**	**-is**	**-rum**	**-um**

(zu casae: § 15 D)

D Übersetzung des Genitivs:

Einen lateinischen Genitiv übersetzen wir oft nicht wörtlich, sondern durch eine andere Ausdrucksweise, die dieselbe Bedeutung hat:

1. porta aulae	das Hoftor	(also: zusammengesetztes Substantiv = Kompositum)
2. plēnus cūrae	voll Sorge	(also: „voll" fast wie eine Präposition gebraucht)
3. cupidī fēriārum sumus	wir wollen Ferien haben	(also: statt des Adjektivs ein Verb mit Objekt)
4. memoria rērum adversārum	die Erinnerung an das Unglück	(also: präpositionaler Ausdruck)

§ 17 Deklinationstabelle:

In dieser Übersicht sind die Kasusformen nicht nach Stamm und Morphem, sondern nach **Wortstock** und **Ausgang** getrennt: der Wortstock zeigt die Bedeutung des Wortes, der Ausgang zeigt den Kasus.

	Vokalische Deklinationen				Konson. Dekl.	Morpheme	
Sg.	**a-Dekl.**	**o-Deklination**		**e-Dekl.**			
Nom.	cas-a		puer		honor	∅	∅
		lup-us		di-ēs		-s	-s
Gen.	cas-ae	lup-ī	puer-ī	di-ēī	honōr-is	-ī	-is
Dat.	cas-ae	lup-ō	puer-ō	di-ēī	honōr-ī	-ī	-ī
Akk.	cas-am	lup-um	puer-um	di-em	honōr-em	-m	-em
Abl.	cas-ā	lup-ō	puer-ō	di-ē	honōr-e	lg.Vok.	-e
Vok.	cas-a	lup-e	puer	di-ēs	honor	(=Nom.)/-e	
Pl.							
Nom.	cas-ae	lup-ī	puer-ī	di-ēs	honōr-ēs	-ī	-ēs
Gen.	cas-ārum	lup-ōrum	puer-ōrum	di-ērum	honōr-um	lg.Vok. + -rum	-um
Dat.	cas-īs	lup-īs	puer-īs	di-ēbus	honōr-ibus	-īs	(i)bus
Akk.	cas-ās	lup-ōs	puer-ōs	di-ēs	honōr-ēs	lg.Vok. + -s	-ēs
Abl.	cas-īs	lup-īs	puer-īs	di-ēbus	honōr-ibus	-īs	(i)bus
Vok.	cas-ae	lup-ī	puer-ī	di-ēs	honōr-ēs	(=Nom.)	

1. **Adjektive**, die im **Nom.Sg.** auf **-us** bzw. **-a** ausgehen, werden wie die entsprechenden Substantive dekliniert (§ 137: longus).

2. **Mehrdeutige, aber gleichlautende Formen** (vgl. auch § 5.7);
   a) **Dativ** und **Ablativ** haben im **Plural** in jeder Deklination das **gleiche Morphem.**

   b) **Vokativ** und **Nominativ** lauten meist gleich, außer:
   Vok. Sg. der Wörter auf -us: dominus – dominĕ.

   c)

a-Dekl.:	flammae	= Gen. Sg. – Dat. Sg. – Nom. Pl. – Vok. Pl.
	flamma	= Nom./Vok. Sg. (flammă) und Abl. Sg. (flammā) unterscheiden sich nur in der Aussprache.
o-Dekl.:	dominī	= Gen. Sg. – Nom. Pl. – Vok. Pl.
e-Dekl.:	rēs	= Nom. Sg. – Vok. Sg. – Nom. Pl. – Akk. Pl. – Vok. Pl.
	reī	= Gen. Sg. – Dat. Sg.
Kons. Dekl.:	ōrātōrēs	= Nom. Pl. – Akk. Pl. – Vok. Pl.

§ 18
A

1. Ubi est liber **Cornēliae?** — Wo ist **Cornelias** Buch?
   Adv P Nom Gen
2. Ubi est liber **meus?** — Wo ist **mein** Buch?
   Adv P Nom A
3. Librum **tuum** nōn videō. — **Dein** Buch sehe ich nicht.
   Akk A ·P + □

Die **Zugehörigkeit** zu einer Person kann nicht nur durch ein Genitivattribut (hier: Cornēliae), sondern auch durch ein **Pronomen** (hier: meus; tuum) ausgedrückt werden. Es bezeichnet den Besitzer, und so nennen wir es **besitzanzeigend** oder **Possessivpronomen** (possidēre – besitzen). Im Lateinischen wird dieses Pronomen jedoch nur gebraucht, wenn der Besitzer ausdrücklich betont werden soll, also z.B. in der Gegenüberstellung (liber **meus, nōn tuus**). Dabei beachten wir: Für das Possessivpronomen gilt wie für jedes adjektivische Attribut **KNG-Kongruenz** (liber meus; librum tuum).

B Oft müssen wir überlegen, welcher Besitzer sich hinter einem Possessivpronomen verbirgt. Dafür zwei Beispiele:

1. Für das Possessivpronomen gilt KNG-Kongruenz (§ 18 A). Das bedeutet: an der Form „meus“ können wir das Genus des Beziehungswortes erkennen – liber ist maskulin –, nicht aber das Genus des Besitzers! Wenn also Cornelia, das Mädchen, nach ihrem Buch fragt, heißt es

   Ubi est liber **meus?**

   und wenn Markus, der Junge, nach seinem Buch fragt, heißt es ebenso

   Ubi est liber **meus?**

Genauso steht es bei „suus“:

Mārcus librum **suum** quaerit.	Markus sucht **sein** Buch.
Cornēlia librum **suum** quaerit.	Cornelia sucht **ihr** Buch.

In beiden Fällen richtet sich „suum“ in KNG nach seinem Beziehungswort „librum“, nicht aber nach dem Besitzer.

2. Das Pronomen „suus“ bezeichnet als Besitzer meist das Subjekt. Die Pronomina, die sich auf das Subjekt „**rückbeziehen**“, nennen wir **reflexiv** (reflectere – rückbeziehen).

Puerī rēs suās quaerunt. Nom Akk A P	Die Jungen suchen ihre (eigenen) Sachen.

Aber auch hier müssen wir oft genau überlegen; denn wir kennen im Lateinischen ja schon zwei Arten von Subjekt: Nom und Akk. Der Satz

Cornēlia Mārcum librum suum quaerere cupit.
Akk Akk A inf
Nom aci P

bedeutet also entweder

Cornelia wünscht, daß Markus **ihr** Buch sucht (Cornēlia ... suum)
oder: Cornelia wünscht, daß Markus **sein** Buch sucht (Mārcum ... suum).

Wer nun eigentlich der Besitzer des Buches ist, kann man nicht an den Wortformen erkennen, man muß das vielmehr aus dem Textzusammenhang, dem **Kontext**, erschließen.

§ 19 **Formen des Possessivpronomens** (vgl. possidēre – besitzen):

	Sg.		**Pl.**	
1. Person:	meus, mea	(mein)	noster, nostra	(unser)
2. Person:	tuus, tua	(dein)	vester, vestra	(euer)
3. Person:	suus, sua	(sein, ihr, sein)	suus, sua	(ihr)

§ 20 **Formen des Interrogativpronomens** (vgl. interrogāre – fragen):

Nom.:	quis?	wer?	quid?	was?
Gen.:	cuius?	wessen?	cuius?	wessen?
Dat.:	cui?	wem?	cui?	wem?
Akk.:	quem?	wen?	quid?	was?
Abl.:	ā quō?	von wem?	quō/	womit? wodurch?
	quōcum?	mit wem?	quā rē?	

1. Der **Genitiv** bezeichnet
   a) die **Zugehörigkeit,**
   b) in Verbindung mit einigen Substantiven (memoria: Erinnerung an ...) und Adjektiven (plēnus: voll von ...) den **Bereich,** auf den sich das Beziehungswort erstreckt.
2. **Suus** ist **reflexives Possessivpronomen** der **3. Person** und bezieht sich **auf das Subjekt des Satzes** (Nom oder Akk).

X LECTIO DECIMA

§ 21 Ein Mensch, der spricht, unterscheidet beim Sprechen drei **Zeitstufen:**

A

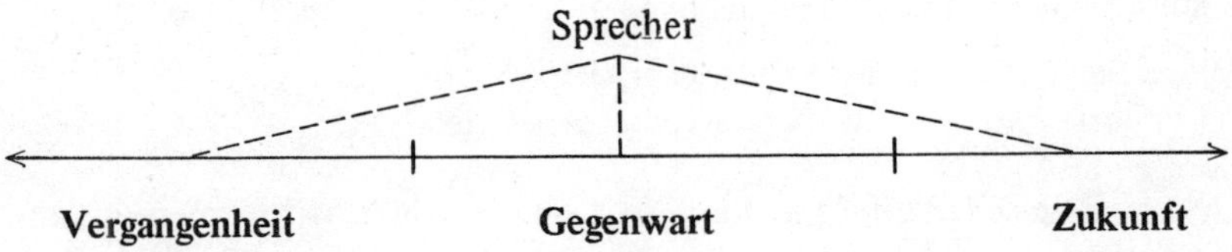

Durch die Verbform gibt der Sprecher an, ob er über die Vergangenheit oder die Gegenwart oder die Zukunft spricht. Er bezeichnet das durch das **Tempus** des Verbs (tempus – Zeit). Im Lateinischen und im Deutschen gibt es mehrere Tempora. Mit dem Tempus **Präsens** bezeichnet der Sprecher in beiden Sprachen Vorgänge und Sachverhalte, die er als **gegenwärtig** betrachtet.

B Von den Tempora der Vergangenheit betrachten wir zuerst Präteritum und Perfekt im Deutschen (praeteritus – vergangen; perfectus – vollendet). Mit dem **Präteritum** sagt der Sprecher, daß für ihn ein Vorgang oder Sachverhalt in der **Vergangenheit** liegt und nichts Gegenwärtiges enthält:

Es **war einmal** eine Geiß, die **hatte** sieben Geißlein.

Einst herrschten Könige über das römische Volk.

Beide Sätze sind Teile von **Erzählungen.** Auch die Adverbien (einmal, einst) zeigen an, daß der Sprecher den Vorgang oder Sachverhalt mit dem Abstand des Erzählers darstellt. Das **Präteritum** ist also das **deutsche Erzähltempus.**

Dagegen besagt das deutsche **Perfekt,** daß für den Sprecher der eigentliche Vorgang zwar in der Vergangenheit liegt, aber für ihn auch in der Gegenwart noch eine Rolle spielt:

Ich **habe** meine Schularbeiten schon vorhin **gemacht**.

Hier meint der Sprecher: Die Arbeit für die Schule liegt in der Vergangenheit (ich bin **jetzt nicht** mehr dabei, die Schularbeiten zu machen), aber die Schularbeiten **sind jetzt fertig**; der **Vorgang der Vergangenheit** hat zu einem **gegenwärtigen Ergebnis** geführt. Wir sprechen deswegen beim deutschen Perfekt auch von „vollendeter Gegenwart" oder von „Vorgegenwart". – Ähnlich:

Ich **habe** euch schon oft **ermahnt**.

Der Vorgang des Ermahnens liegt in der Vergangenheit, aber mit dem Perfekt drückt der Sprecher aus, daß die Mahnung auch für die Gegenwart noch eine Rolle spielt.

Im Perfekt wird also nicht Vergangenes erzählt, sondern die Bedeutung des Vergangenen für die Gegenwart **festgestellt (= konstatiert)**: Das deutsche Perfekt ist ein Tempus, das zur Gegenwart des Sprechers gehört. In der Umgebung von Perfektformen finden wir daher auch oft Verben im Präsens, z.B. so:

Ich **habe** meine Schularbeiten schon **gemacht** und **ruhe** mich jetzt aus.

Im Perfekt Passiv bleibt „worden" oft fort, wenn wir betonen wollen, daß es sich um das gegenwärtige Ergebnis handelt, z.B.:

Meine Schularbeiten **sind** schon **gemacht**
statt: sind schon gemacht **worden**.

C Auch das **lateinische Perfekt** kann diese Aufgabe haben. Wir nennen es dann **konstatierendes Perfekt** und übersetzen es mit dem deutschen Perfekt:

Pater clāmat: „Mārce, Cornēlia, ubi estis? Avunculus **vocāvit.** Nōnne **audīvistis**?"	Der Vater ruft: „Markus, Cornelia, wo seid ihr? Der Onkel **hat gerufen. Habt** ihr nicht **gehört**?"

Also: Wenn Onkel Titus sagt: „Iam herī audīvistis", meint er: „Ihr **habt** es schon **gestern gehört** und **wißt** es natürlich **heute noch**."

D Andererseits kann das **lateinische Perfekt** aber auch eine andere Aufgabe haben:

Titus nārrat: „**Aliquandō** vīta nostra nōbīs nōn iam **placuit**.	Titus erzählt: „**Einst gefiel** uns unsere Lebensweise nicht mehr.
Sed Pompēius nōs **monuit**."	Aber Pompejus **ermahnte** uns."

In beiden Sätzen erzählt der Sprecher von Vorgängen, die sich in der **Vergangenheit** abspielten und seine **Gegenwart nicht betreffen** („aliquandō"!): Er stellt das Vergangene mit dem Abstand des Erzählers dar. Das Lateinische verwendet auch hier, wo es sich um einen historischen Bericht von Vergangenem handelt, das Perfekt. Dieses Perfekt nennen wir **historisches Perfekt, perfectum historicum** (im Unterschied zum konstatierenden Perfekt). Es ist das lateinische Erzähltempus. In der Übersetzung müssen wir das deutsche Erzähltempus verwenden, also das **Präteritum.** (Das deutsche Perfekt ist hier ungeeignet, weil es ja ein Tempus der Gegenwart ist; § 21 B).

Im Lateinischen hat das Perfekt also oft eine andere Funktion als im Deutschen; es ist ein anderes Tempus, auch wenn der Name „Perfekt" derselbe ist.

	Latein	Deutsch
Beziehung zur Gegenwart des Sprechers	konstatierendes **Perfekt** Iam saepe vōs monuī	**Perfekt** = vollendete Gegenwart ich habe euch schon oft ermahnt
Vergangenheit ohne Beziehung zur Gegenwart des Sprechers	historisches **Perfekt** Pompēius nōs monuit	**Präteritum** Pompejus ermahnte uns

E Im Deutschen und Englischen sind die Formen des Perfekts mit Hilfsverben gebildet, z.B.: wir **haben** gerufen, we **have** called; er **ist** gegangen, he **has** gone. Wir sprechen von **Mehr-Wort-Formen.** Im Lateinischen dagegen bestehen die **aktiven Perfektformen** aus **einem** Wort, z.B. vocāvit, audīvistis. Es sind **Ein-Wort-Formen.**

Im Lateinischen ist deswegen ein Kennzeichen nötig, das auf das Perfekt aufmerksam macht. Dieses **Perfektkennzeichen** (allgemein: **Tempuskennzeichen**) ist Bestandteil des **Perfektstamms.** Dabei gibt es verschiedene Kennzeichen für das Perfekt:

Häufig ist der Perfekt**stamm** im Vergleich zum Präsensstamm **erweitert:**

a) durch ein **-v-** bzw. **-u-**:

	laudā-v-ī	rap-u-ī
	audī-v-ī	mon-u-ī
	sī-v-ī	pos-u-ī

Es handelt sich im Grunde um **einen** Laut, der früher mit demselben Schriftzeichen bezeichnet wurde. Dieser Laut wurde nach Vokalen als -v-, nach Konsonanten als -u- gesprochen. Verben der **a- und i-Konjugation** haben gewöhnlich ein **v-Perfekt,** die der **e-Konjugation** meist ein **u-Perfekt.**

b) durch eine Wiederholung, also **Verdoppelung des anlautenden Konsonanten** und Zusatz eines Vokals (meist -e-) **vor** dem Stamm. Wir nennen diese Art der Kennzeichnung **Reduplikation:**

pellō : **pe-pul-ī**	currō : **cu-curr-ī**
canō : **ce-cin-ī**	
dō : **de-d** -ī	

Hinter dieser Vorsilbe ändert sich der Stammvokal häufig, weil er nunmehr in einer Innensilbe steht (pellō: pepulī; canō: cecinī). Der neue Vokal klingt schwächer als der im Präsens; deswegen nennen wir diese Erscheinung **Vokalschwächung.**

c) Beachte: **Als Perfektstamm zu esse dient fu-**; also: fuī, fuistī ...

Als Kennzeichen der Personen finden wir in den Perfektformen folgende **Ausgänge:**

Sg.	1.	-ī	Pl.	1.	-i**mus**
	2.	-istī		2.	-is**tis**
	3.	-i**t**		3.	-ēr**unt**

Mit Ausnahme der 1. und 2. Singular enthalten diese Ausgänge die bekannten Personalmorpheme (hier fett gedruckt!).

§ 22
A

1. Ancillae ā dominā **monitae sunt.** — Die Mägde **wurden** von ihrer Herrin **ermahnt.**

2. Somnus nōbīs **raptus est.** — Der Schlaf **wurde** uns **geraubt.**

Das **Perfekt Passiv** ist im Lateinischen wie im Deutschen mit **Mehr-Wort-Formen** gebildet: raptus est, monitae sunt. Der eine Teil ist eine **Präsensform von esse;** an ihrer Endung erkennen wir die Person (est, sunt), es sind **finite Verbformen.** Der andere Teil ist folgendermaßen zusammengesetzt:

rap - t - us
moni - t - ae.

Diese Formen bestehen meist aus dem Stamm eines Verbs plus Morphem **-t-** plus KNG-Morphem der Adjektive. Wir nennen sie, weil sie am Verb und am Adjektiv „beteiligt" sind, **Partizip** (particeps – beteiligt). Bei „raptus" und „monitae" handelt es sich um das **Partizip Perfekt Passiv**, abgekürzt **PPP**. Weil das PPP wie ein Adjektiv dekliniert wird, unterliegt es der **KNG-Kongruenz.**

Das PPP ist eine **infinite Verbform**, weil wir an ihr allein nicht erkennen können, ob es sich um die 1., 2. oder 3. Person handelt.

B

1. Mē in Asiā **fuisse** audīvistis. — Ihr habt gehört, daß ich in Asien **gewesen bin.**

2. Labōrēs **fīnītōs esse** scīmus. — Wir wissen, daß unsere Mühen **beendet (worden) sind.**

Der **Infinitiv Perfekt Aktiv** ist gebildet aus **Perfektstamm** plus **-isse** (ōrnāv-isse; pepul-isse; fu-isse).

Der **Infinitiv Perfekt Passiv** ist gebildet aus dem **Partizip** plus **esse.** Dabei steht das Partizip in KNG-Kongruenz zu seinem Beziehungswort (hier: labōrēs fīnītōs esse).

§ 23 Formen des Perfekts:

	Aktiv				Passiv	
Sg.	vocāv-ī	pepul-ī	fu-ī	1.	vocātus,-a sum	pulsus,-a sum
	vocāv-istī	pepul-istī	fu-istī	2.	vocātus,-a es	pulsus,-a es
	vocāv-it	pepul-it	fu-it	3.	vocātus,-a est	pulsus,-a est
Pl.	vocāv-imus	pepul-imus	fu-imus	1.	vocātī ,-ae sumus	pulsī ,-ae sumus
	vocāv-istis	pepul-istis	fu-istis	2.	vocātī ,-ae estis	pulsī ,-ae estis
	vocāv-ērunt	pepul-ērunt	fu-ērunt	3.	vocātī ,-ae sunt	pulsī ,-ae sunt
Inf.	vocāv-isse	pepul-isse	fu-isse		vocātum,-am esse	pulsum,-am esse
					vocātōs,-ās esse	pulsōs,-ās esse
Part.	–	–	–		vocātus,-a	pulsus,-a

§ 24 Der **Nominativ Singular** ist im Lateinischen entweder mit **Null-Morphem** gebildet, d.h. ohne besonderes Kennzeichen (z.B. puella-∅, vir-∅, ōrātor-∅; vgl. § 17) oder mit dem **Morphem -s** (z.B. diē-**s**; dominu-**s** mit Vokalschwächung aus domin**o**-s). Aus der konsonantischen Deklination kennen wir bisher nur Stämme auf -r (z.B. ōrātor), deren Nominativ Singular also das Null-Morphem hat. Es gibt aber auch Stämme, deren Stammauslaut ein anderer Konsonant als -r ist. Von diesen kennzeichnen viele ihren Nominativ Singular mit dem Morphem -s. Wenn nun ein Stamm auf einen g-Laut (c oder g) endet, so schreiben wir nicht -cs oder -gs, sondern -x. Die Aussprache des Lautes ändert sich dadurch nicht. Bei diesen Wörtern läßt erst der Genitiv erkennen, auf welchen g-Laut der Stamm endet:

vgl.: vōx, vōc-is
aber: rēx, rēg-is

Beispiel:				
Nom.Sg.	vōx	**Nom.Pl.**	vōc-ēs
Gen.	vōc-is		vōc-um
Dat.	vōc-ī		vōc-ibus
Akk.	vōc-em		vōc-ēs
Abl.	vōc-e		vōc-ibus

§ 25

1. „**Audīsne** clāmōrem, Mārce?“ — „**Hörst du** das Lärmen, Markus?“
2. „**Nōnne** vōx pulchra tibi est?“ — „Hast du **nicht** eine schöne Stimme?“
3. „**Num** oculī mē fefellērunt?“ — „Haben mich **etwa** meine Augen getäuscht?“

Wir wissen, daß **Satzfragen ohne ein selbständiges Fragewort** im Lateinischen durch ein **-ne** gekennzeichnet sind, das an das erste Wort des Satzes angehängt ist (§ 11.2). An einer solchen Frage ist nicht zu erkennen, welche Antwort der Fragende erwartet; er ahnt also nicht, ob Markus „**ja**“ oder „**nein**“ antwortet (Satz 1).

Der Fragende kann aber auch schon in seiner Frage andeuten, mit welcher Antwort er rechnet. Dazu dienen Frage**partikeln** (Satz 2 und 3):

nōnne (= nōn + -ne) drückt die Erwartung aus, daß die Frage mit „**ja**" beantwortet wird. (Satz 2: Der Fuchs rechnet damit, daß der Rabe „ja" sagt.) – Übersetzung des „nōnne": „(etwa) **nicht?**"

num weist dagegen darauf hin, daß man „**nein**" erwartet. (Satz 3: Der Rabe weiß, daß er seine Frage mit „nein" beantworten muß.) Übersetzung des „num": „**etwa?**"

1. **Perfekt:**

   Aktiv: a) **-v-** bzw. **-u- Perfekt**
   b) **Reduplikationsperfekt**

   Ausgänge im Indikativ: **-ī, -istī, -it, -imus, -istis, -ērunt.**

   Passiv: Partizip Perfekt Passiv (PPP) + Präsensform von esse.

2. Das **Perfekt** wird **feststellend** oder **erzählend** gebraucht:
   konstatierendes oder **historisches** Perfekt.

3. **Fragepartikeln** kennzeichnen einen Satz als Frage:

			Übersetzung:
a)	**-ne**	rechnet mit „ja" **oder** „nein"	(– –)?
b)	**nōnne**	rechnet mit „**ja**"	(etwa) nicht?
c)	**num**	rechnet mit „**nein**"	etwa?

XI LECTIO UNDECIMA

§ 26 Man liebt Gajus nicht – wegen seiner Strenge.

A Nom P Akk AB

Auf die Frage „Warum liebt man Gajus nicht?" gibt dieser Satz die Antwort „wegen seiner Strenge". Es handelt sich um eine Begründung dafür, warum man G. nicht liebt. Die AB erläutert also das Verb. Deswegen sprechen wir ja auch von einer **adverb**ialen Bestimmung (ad verbum – zum Verb gehörig).

Die Stelle AB kann auch durch einen Satz gefüllt sein, der dieselbe Aussage enthält:

Man liebt Gajus nicht, weil er streng ist.

Nom Nom K

Diesen Satz hinter dem Komma nennt man **Nebensatz** (NS) im Unterschied zum **Hauptsatz** (HS). Ein NS ist dem HS **untergeordnet**, ein HS ist dem NS **übergeordnet**. Wir können deswegen HS und NS mit Geraden in verschiedenen Höhen zeichnen:

Man liebt Gajus nicht, weil er streng ist.

Gāius, quod sevērus est, nōn amātur.

Wir nennen einen NS auch **Gliedsatz (GS)**, weil er wie die AB in unserem Beispiel ein Satzglied ist. Da er dieselbe Stelle füllt wie die AB und dieselbe Funktion hat – nämlich das Verb zu erläutern –, sprechen wir auch von einem adverbialen GS oder kurz **Adverbialsatz**. Mit unseren Symbolen schreiben wir:

Man liebt Gajus nicht, weil er streng ist.

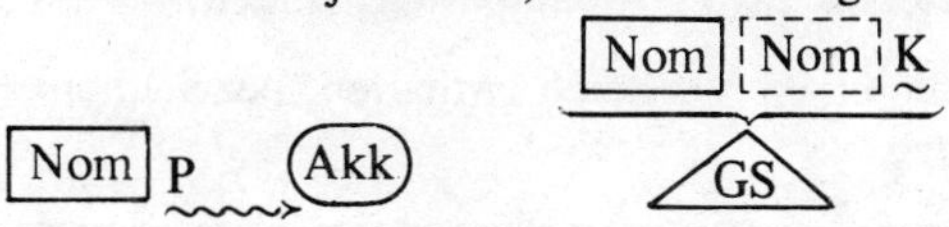

In unserem Beispiel gibt der GS die Begründung für das HS-Prädikat. Diese gedankliche Verbindung zum übergeordneten HS wird am Anfang des GS durch die **Konjunktion** „weil" ausgedrückt (Konjunktion – Bindewort; coniungere – verbinden). Wir nennen deswegen Adverbialsätze auch **Konjunktionalsätze.**

Ein Satzgebilde, das aus HS und GS besteht, heißt **Satzgefüge**. In dem Satzgefüge unseres Beispiels hat der GS dasselbe Subjekt wie der HS. In solchen Fällen stellen die Römer das **gemeinsame Subjekt** oft an den Satzanfang und lassen den GS unmittelbar auf das Subjekt folgen. In der Übersetzung können wir das nicht nachmachen. Wir übersetzen nicht „Gajus, weil er streng ist, wird nicht geliebt"; das ist im Deutschen nicht üblich; wir stellen den GS entweder

(a) an den Satzanfang oder
(b) an das Satzende; manchmal auch
(c) hinter die finite Verbform:

(a) Weil Gajus streng ist, wird er nicht geliebt.
(b) Gajus wird nicht geliebt, weil er streng ist.
(c) Gajus wird, weil er streng ist, nicht geliebt.

B Nach den einleitenden **Konjunktionen** unterscheiden wir:

1. **quod** – **da, weil:** Ein Gliedsatz, der mit dieser Konjunktion angeschlossen ist, enthält eine **Begründung.** Wir sprechen von einem **Kausalsatz.**

2. **sī** – **wenn, falls:**
nisi – **wenn nicht:** } Gliedsätze dieser Art enthalten eine **Bedingung** und heißen **Konditionalsätze.**

3. **quamquam** – **obgleich, obwohl**: diese Konjunktion betont, daß man nicht nur der Aussage des übergeordneten Satzes, sondern ebenso der des Gliedsatzes Beachtung **zugesteht**, obwohl die beiden Aussagen einen gewissen **Gegensatz** bilden. Wir sprechen von einem **Konzessivsatz.**

4. **postquam** – **nachdem**: } Gliedsätze dieser Art geben eine **Zeitbestimmung**
ubi – **sobald**: } und heißen **Temporalsätze.**

a) Gāius, postquam (ubi) Syrum advocāvit, interrogat.	Nachdem (sobald) Gajus Syrus herangerufen **hat, fragt** er ihn.
b) Gāius, postquam (ubi) Syrum advocāvit, interrogāvit.	Nachdem (sobald) Gajus Syrus herangerufen **hatte, fragte** er ihn.

Bei den Konjunktionen „postquam" und „ubi" steht das lateinische Prädikat im Perfekt. In der Übersetzung müssen wir, wenn der Hauptsatz in der **Gegenwart** steht, auch im Deutschen das **Perfekt** wählen; steht der Hauptsatz in der **Vergangenheit**, müssen wir im Deutschen das **Plusquamperfekt** setzen.

5. **ut** – **wie**: Gliedsätze, die einen **Vergleich** enthalten, bezeichnen wir als **Komparativsätze.**

1. **Satzgefüge** nennen wir die Verbindung von **Hauptsätzen** und **Gliedsätzen** (Nebensätzen). (Satzreihe: § 6)
2. Viele **Konjunktionalsätze** sind **adverbiale Gliedsätze** (Nebensätze). Es leiten ein:

a) quod	– da, weil	: Kausalsätze
b) sī	– wenn, falls	: Konditionalsätze
nisi	– wenn nicht	
c) quamquam	– obwohl	: Konzessivsätze
d) postquam	– nachdem	: Temporalsätze
ubi	– sobald	
e) ut	– wie	: Komparativsätze

XII LECTIO DUODECIMA

§ 27

1. Forum Rōmānum ā multīs vīsitātur.	Das römische Forum wird von vielen besucht.
2. Nōmen Pompēī in tabulā legitur.	Der Name des Pompejus steht auf der Tafel.
3. Opus novum recitātur.	Man trägt ein neues Werk vor.
4. Mōnstrā nōbīs aedificia!	Zeig uns die Bauwerke!

In der lateinischen Sprache gibt es ebenso wie im Deutschen Substantive, die man keinem der beiden uns bisher bekannten Geschlechter, dem „genus masculīnum" (m.) bzw. dem „genus fēminīnum" (f.) zuordnet, sondern als **neutrum** (n.), d.h. „keins von beiden" (Geschlechtern), bezeichnet.

Substantive dieser Art enden im **Nom. Sg.** z.B. auf **-um** (hier: **forum**), **-men** (hier: **nōmen**), **-us** (hier: **opus**).

Nom. und Akk. aller Neutra stimmen in der Form immer überein; im Plural enden diese Kasus auf **-ă** (also: forum – foră; nōmen – nōmină; opus – operă). Erst der Gen.Sg. dieser Wörter läßt erkennen, ob die restlichen Kasus nach der o-Deklination (forum : for-**ī**) oder nach der konsonantischen Deklination (nōmen : nōmin-**is**; opus : oper-**is**) gebildet werden.

Auch **Adjektive** haben die Ausgänge **-um** bzw. **-ă** für das Neutrum; in allen anderen Kasus stimmen beim Adjektiv die Formen des Neutrums mit denen des Maskulinums überein. – Ein **substantiviertes Adjektiv** im **Neutrum Plural** übersetzt man am besten mit **Singular**: multa – (viele Dinge) vieles.

Formenübersicht: Neutra der o-Dekl. und der kons. Dekl.:

Singular					
Nom.	for-um	nōmen	opus	tempus	bon-um
Gen.	for-ī	nōmin-is	oper-is	tempor-is	bon-ī
Dat.	for-ō	nōmin-ī	oper-ī	tempor-ī	bon-ō
Akk.	for-um	nōmen	opus	tempus	bon-um
Abl.	for-ō	nōmin-ĕ	oper-ĕ	tempor-ĕ	bon-ō
Vok.	for-um	nōmen	opus	tempus	bon-um
Plural					
Nom.	for-a	nōmin-a	oper-a	tempor-a	bon-a
Gen.	for-ōrum	nōmin-um	oper-um	tempor-um	bon-ōrum
Dat.	for-īs	nōmin-ibus	oper-ibus	tempor-ibus	bon-īs
Akk.	for-a	nōmin-a	oper-a	tempor-a	bon-a
Abl.	for-īs	nōmin-ibus	oper-ibus	tempor-ibus	bon-īs
Vok.	for-a	nōmin-a	oper-a	tempor-a	bon-a

§ 28 Cum bellum geritur, portae templī aperiuntur. — (Immer) wenn man Krieg führt, werden die Tempeltüren geöffnet.

Cum – (immer) **wenn, sooft** als Einleitung eines Gliedsatzes (Nebensatzes) bezeichnet eine **Zeitbestimmung**, die ein Geschehen nicht als einmalig, sondern als **wiederholt** schildert; wir sprechen von einem **Iterativsatz** und nennen die Konjunktion **cum** bei dieser Bedeutung **cum iterātīvum** (vgl. iterum).

§ 29

1. **Paucīs hōrīs post** puerī forum relinquunt.

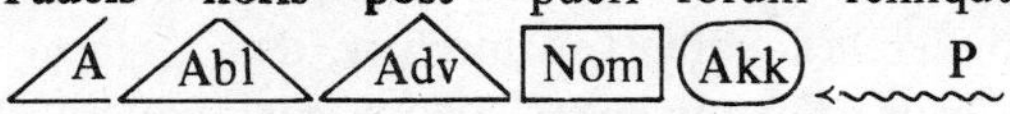

Wenige Stunden später verlassen die Jungen das Forum.

2. Via Appia **magnā longitūdine** est.

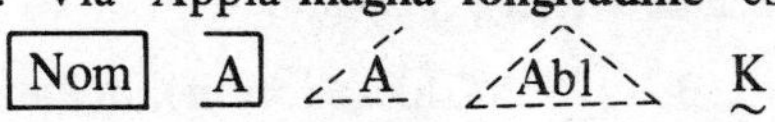

Die Via Appia ist (**von großer Länge) sehr lang.**

3. Aliās viās **longitūdine** superat.

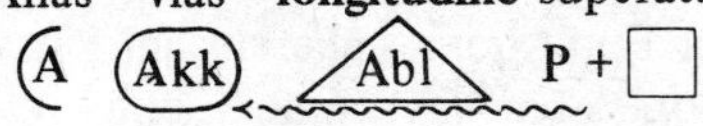

Sie übertrifft andere Straßen **an Länge.**

In Satz 1 enthält der Abl. „paucīs hōrīs" **keine** Zeitbestimmung, denn auf die Frage „wann?" antwortet hier das Adverb **post** (später). Durch „paucīs hōrīs" erfahren wir jedoch, **um wieviel** später das Ereignis eintritt; dieser Abl. gibt also in Verbindung mit Ausdrücken der Steigerung (hier: post – später) das **Maß** dieser Steigerung an; wir nennen ihn **abl. mēnsūrae** (mēnsūra – Maß).

Im Lateinischen können Eigenschaften von Personen oder Sachen auch durch den Ablativ ausgedrückt sein. Dieser Ablativ tritt immer in Verbindung mit einem Attribut auf (Satz 2: magnā longitūdine – von großer Länge = sehr lang). Meist füllt dieser Ablativ die Stelle des Prädikatsnomens, hat also die Funktion eines Adjektivs. Wir nennen ihn **abl. quālitātis** (quālitās – Eigenschaft).

Der Ablativ kann auch angeben, **in welcher Hinsicht** (in welcher Beziehung? – woran? – worin?) die Aussage gilt (Satz 3: longitūdine – **an** Länge). Wir nennen ihn **abl. līmitātiōnis** (līmes – Abgrenzung).

§ 30

1. a) Mīles hostēs **venīre audit.** — Der Soldat **hört**, daß die Feinde **kommen.**

   b) Mīles hostēs **venīre audīvit.** — Der Soldat **hörte**, daß die Feinde **kamen.**

2. a) Mīles hostēs **appropinquāvisse nūntiat.** — Der Soldat **meldet**, daß die Feinde **herangekommen sind.**

   b) Mīles hostēs **appropinquāvisse nūntiāvit.** — Der Soldat **meldete**, daß die Feinde **herangekommen waren.**

finites Verb	Inf.	dt. daß-Satz	finites Verb	Inf.	dt. daß-Satz
Gegenwart Vergangenheit	**Präs.** **Präs.**	Präsens Präteritum	Gegenwart Vergangenheit	**Perf.** **Perf.**	Perfekt Plusquampf.

Der **Infinitiv** bezeichnet im Lateinischen keine Zeitstufe (vgl. § 21 A), sondern das **Zeitverhältnis** zur Handlung des finiten Verbs. In den Sätzen 1a) und b) fallen die beiden Handlungen (das Hören und das Kommen) in **dieselbe** Zeit; wir bezeichnen dieses Verhältnis als **gleichzeitig**; dabei ist es gleichgültig, in welchem Tempus das finite Verb steht: Der Inf. **Präsens** zeigt immer an, daß zwischen der Handlung des Infinitivs und der des finiten Verbs **Gleichzeitigkeit** besteht (vgl. die Übersetzung Satz 1.a): „... **hört**, ... **kommen**" und Satz 1.b): „... **hörte**, ... **kamen**"). In den Sätzen 2.a) und b) war die Handlung, die im Inf. **Perfekt** gegeben ist, bereits abgeschlossen, **bevor** es zur Handlung der finiten Verbform kam. Dieses Zeitverhältnis bezeichnen wir daher als **vorzeitig**. Das gilt auch, wenn das finite Verb im Perfekt steht (Satz 2.b): appropinquāvisse nūntiāvit – „... **meldete**, ... **angekommen waren**").

1. Im **Neutrum** stimmen Nom. und Akk. in der Form überein. Nom. und Akk.Pl. enden auf -ă.

   Bei den Adjektiven geben wir die Grundform für die drei Genera an: bon**us** (m.), bon**a** (f.), bon**um** (n.); also erscheint in Zukunft bei Adjektiven im Vokabelverzeichnis: bonus, a, um.

2. **cum iterātīvum** – (immer) **wenn, sooft** bezeichnet eine Zeitbestimmung als Wiederholung: **Iterativsatz.**

3. Der **abl. mēnsūrae** bezeichnet **das Maß** des Unterschiedes;
   der **abl. quālitātis** bezeichnet **Eigenschaften** von Personen und Sachen;
   der **abl. līmitātiōnis** gibt an, **in welcher Hinsicht** die Aussage gilt.

4. **Infinitive** geben ein **Zeitverhältnis** an:
   a) Inf. **Praes.** : **Gleichzeitigkeit**
   b) Inf. **Perf.** : **Vorzeitigkeit**

XIII LECTIO TERTIA DECIMA

§ 31 A

1. Ibi populus Trōiānōrum **vīxit**.	Dort **lebte** das Volk der Trojaner.
2. Servus, postquam in silvam **vēnit**, imperāta nōn **fēcit**.	Nachdem der Diener in den Wald **gekommen war, führte** er die Befehle nicht **aus**.
3. Alexander in oppidum Trōiam **dēscendit**.	Alexander **stieg** zur Stadt Troja hinab.

Neben den **Perfektbildungen** mit dem Tempuskennzeichen -v-/-u- bzw. Reduplikation finden wir **im Aktiv weitere Möglichkeiten:**

1. **s-Perfekt** (vīx-ī)

Der Perfektstamm ist, verglichen mit dem Präsens**stamm, um ein -s- erweitert.** Dabei gilt folgendes:

-c, -g, -h	+ -s- = -x-	dīc-	+	-s	=	dīx-
		reg-	+	-s	=	rēx-
		trah-	+	-s	=	trāx-
-t, -d	+ -s- = -s-	mitt-	+	-s	=	mīs-
		lūd-	+	-s	=	lūs-

2. **Dehnungsperfekt** (vēn-ī)

Im Perfektstamm erscheint der **Stammvokal** des Präsensstammes **gedehnt.**

vĭdeō : vīdī   vĕniō : vēnī

Beachte die **Bedeutung der Aussprache** für die Formbestimmung:

venit:	1) venit -	Präsens	2) vēnit -	Perfekt
venimus:	1) venīmus -	Präsens	2) vēnimus -	Perfekt
veni:	1) venī -	Präs.Impv.	2) vēnī -	Perf. 1. Sg.

Dabei treten mitunter im Perfekt Laute nicht auf, die den Präsensstamm kennzeichnen (hier: -n-):

relinquō : relīquī
vincō : vīcī

Bei einigen Verben tritt zugleich mit der Dehnung ein Ablaut (Vokaländerung) des Stammvokals auf:

faciō : fēcī

3. **Stammperfekt** (dēscend-ī)

Der Perfektstamm zeigt **keine Veränderung gegenüber dem Präsensstamm.** Wir können das Perfekt daher meist nur an den Personalmorphemen erkennen:

ascend-ō : ascend-ī
ascend-is : ascend-istī
ascend-itis : ascend-istis
ascend-unt : ascend-ērunt

Allerdings gibt es hier auch einige **mehrdeutige Formen:**

1. ascendit : 3. Sg.Ind.**Präs.**Akt. **und** 3. Sg.Ind.**Perf.**Akt.
2. ascendimus : 1. Pl.Ind.**Präs.**Akt. **und** 1. Pl.Ind.**Perf.**Akt.
3. ascendī : Inf.**Präs.Pass.** **und** 1. Sg.Ind.**Perf.Akt.**

B Stammformen:

laudō	laudāvī	laudātum	laudāre
regō	rēxī	rēctum	regere
mittō	mīsī	missum	mittere
vĭdeō	vīdī	vīsum	vĭdēre

Stammauslaut und PPP-Morphem -t- sind wegen der Aussprache oft verändert:

-g- / -h-	+ -t- > -ct-	:	regere – rēctum; trahere – trăctum
-t-	+ -t- > -ss	:	mittere – missum
-d-	+ -t- > -s-	:	vĭdēre – vīsum

§ 32

1. Gallī **cum virtūte** sē dēfendērunt.	Die Gallier verteidigten sich **(mit Tapferkeit) tapfer.**
2. Gallī **magnā (cum) virtūte** sē dēfendērunt.	Die Gallier verteidigten sich **(mit großer Tapferkeit) sehr tapfer.**

Beim **abl.modī** (vgl. § 9A, 2.b) **kann** die Präposition „**cum**" fehlen, wenn bei dem Substantiv ein adjektivisches Attribut steht.

Perfektbildungen				
	1. u- / v- } Perfekt	timeō	:	timuī
		audiō	:	audīvī
	2. Reduplikationsperfekt	pellō	:	**pepulī**
	3. s-Perfekt	maneō	:	mānsī
	4. Dehnungsperfekt	videō	:	vīdī
	5. Stammperfekt	metuō	:	metuī

XIV LECTIO QUARTA DECIMA

§ 33

1.a)	Equus lĭgneus in lītore **stābat,** mīlitēs Graecī **aberant. Tum** Trōiānī oppidum **relīquērunt.**	Das hölzerne Pferd **stand** am Strand, die griechischen Soldaten **waren fort. Da verließen** die Trojaner ihre Stadt.
b)	Trōiānī **diū** ante equum **stābant. Tandem** Sinōnem **animadvertērunt.**	Die Trojaner **standen lange** vor dem Pferd. **Schließlich bemerkten** sie den Sino.

In der Erzählung ist das **Imperfekt** das Tempus der Vergangenheit, das einen **Zustand** oder eine **Dauer** des Geschehens bezeichnet und das den **Hintergrund** für die Haupthandlung abgibt (hier: stābat – aberant – diū stābant). Dagegen führt das **Perfekt** (§ 21) **in der Erzählung** die **Handlung weiter** oder zeigt an, daß etwas **Neues** eintritt, bezeichnet also die Haupthandlung im **Vordergrund** (hier: tum relīquērunt; tandem animadvertērunt).

Das bedeutet, daß für den Römer ein Unterschied zwischen den folgenden Sätzen besteht:

a) Trōiānī Sinōnem interrogāvērunt.
b) Trōiānī Sinōnem interrogābant.

Dieser Unterschied muß in der Dauer des Geschehens, hier des Fragens, liegen. In Satz a) besagt das **Perfekt** „interrogāvērunt", daß die Trojaner Sino befragten und dann etwas anderes taten. In Satz b) weist das **Imperfekt** „interrogābant" darauf hin, daß die Handlung des Fragens eine längere **Dauer** hatte, bevor sie beendet wurde (imperfectus – nicht beendet). In der Übersetzung müssen wir oft mit Zusätzen das ausdrücken, was für den Römer im Imperfekt steckt. In unserem Beispielsatz b) bedeutet das Imperfekt also, daß die Trojaner Sino **lange Zeit** „ausquetschten"; oder aber daß Sino beharrlich schwieg, so daß die Trojaner mit ihrem Fragen nichts erfuhren, sondern nur zu erfahren **versuchten**; oder aber, daß nach jeder Antwort Sinos die Trojaner eine weitere Frage stellten, ihn also **wiederholt** befragten. Wenn wir dies bedenken, übersetzen wir nicht schlicht:

Die Trojaner befragten Sino,

obwohl das oft genügt; häufig aber müssen wir deutlich machen, was im lateinischen Imperfekt steckt:

Trōiānī Sinōnem interrogābant.	Die T. befragten S. lange/pausenlos.	**Dauer**
	Die T. versuchten S. auszufragen.	**Versuch**
	Die T. fragten S. immer wieder; oder: … stellten S. viele Fragen.	**Wiederholung**

2.a) **Verbformen des Imperfekts** erkennen wir an dem **Tempuskennzeichen -ba-**, das als **Erweiterung des Präsensstammes** zwischen Stamm und Personalmorphem steht: **stā-ba-t.** Bei den Verben der **i-**, der **konsonantischen** und der **gemischten Konjugation** erscheint das Tempuskennzeichen in der Form **-ēba-**: audi-ēba-nt; lūd-ēba-nt; capi-ēba-nt.

b) **Esse** hat als Tempuskennzeichen für das Imperfekt nur das **-a-**; z.B. lautet die 1. Pl. er-**ā**-mus.

Hinweis: erāmus ist aus es-ā-mus entstanden. Daß ein **-s- zwischen Vokalen** zu **-r-** wird, finden wir häufig. Die Erscheinung heißt **Rhotazismus**, nach dem griechischen Buchstaben Rhō = r.

c) Als **Personalmorphem** der 1.Sg. finden wir **im Aktiv -m, im Passiv -r**: laudā-ba-**m** – laudā-ba-**r.**

Formenübersicht:

	Aktiv	**Passiv**	**esse**
1. Sg.	stā-ba-m	audi-ēba-r	er-a-m
2.	stā-bā-s	audi-ēbā-ris	er-ā-s
3.	stā-ba-t	audi-ēbā-tur	er-a-t
1. Pl.	stā-bā-mus	audi-ēbā-mur	er-ā-mus
2.	stā-bā-tis	audi-ēbā-minī	er-ā-tis
3.	stā-ba-nt	audi-ēba-ntur	er-a-nt

§ 34	Cūnctae plēnae gaudiī **erāmus, cum** subitō lupus ante portam **stetit.**	Wir alle **waren** voller Freude, **als** plötzlich der Wolf vor der Tür **stand.**

Wenn wir das Geschehen in den beiden Sätzen betrachten, so **beschreibt** der **HS** (erāmus) einen **Zustand,** der **GS** (cum ... stetit) dagegen **bringt** etwas **Neues.** Das bestätigen die Tempora: Imperfekt im HS, Perfekt im GS. Das Geschehen ist also anders als gewöhnlich, es ist geradezu **umgekehrt** auf HS und GS verteilt. Das erreicht man durch „cum" mit nachgestelltem GS. Wir nennen diese Konjunktion daher **cum inversīvum** (vgl. invertere – umkehren).

§ 35	1.a) Sinō: „**Gladiōs Graecōrum** effūgī."	„Ich bin **den Schwertern der Griechen** entkommen."
	b) „Servāte mē ab **odiō Graecōrum!**"	„Bewahrt mich vor dem **Haß der Griechen!**"
	c) Capella: „Statim **timor lupī** nōs cēpit."	„Gleich packte uns die **Furcht vor dem Wolf.**"

Wir wissen, daß der **Genitiv** der Kasus ist, der die **Zugehörigkeit** oder den **Wirkungsbereich** seines Beziehungswortes bezeichnet (§ 16). In Satz a) handelt es sich um die Schwerter, die den Griechen gehören; der Genitiv bezeichnet hier den **Besitzer.** Wir nennen ihn **gen. possessīvus** (possidēre – besitzen). Der Ausdruck „odiō Graecōrum" in Satz b) enthält die Aussage „die Griechen hassen"; der Genitiv bezeichnet hier das **Subjekt** des Hassens. Er heißt deswegen **gen. subiectīvus.** In Satz c) hat nicht der Wolf Angst, sondern die Zicklein fürchten den Wolf, so daß der Genitiv „lupī" das **Objekt** der Furcht bezeichnet. Wir nennen ihn **gen. obiectīvus.** Bei der Übersetzung dieses Genitivs müssen wir eine **Präposition** einsetzen, also sagen „die Furcht **vor** dem Wolf". „Die Furcht **des** Wolfs" wäre die Übersetzung eines gen.subiectīvus.

Nur der Kontext zeigt, welche Funktion der Genitiv jeweils hat.

2.a) Magnam **cōpiam cibī** apportō. A Akk Gen P + □	Ich bringe **eine große Menge Futter.**
b) **Bēstia summae audāciae** es. Nom A Gen Gen K + □	Du bist ein (Tier von größter Frechheit) **unverschämt freches Tier.**
c) Lupus **summae audāciae est.** Nom A Gen K	Der Wolf **ist** (von größter Frechheit) **unverschämt frech.**

In Satz a) ist die Menge (cōpia) durch das Attribut „cibī" näher beschrieben, und zwar gibt der **Genitiv das Ganze** (Futter) an, von dem eine große Menge, aber doch nur **ein Teil** zur Verfügung steht. Wir nennen einen Genitiv dieser Art daher **gen. partītīvus** (= Gen. des geteilten Ganzen).

In Satz b) enthält das **Genitivattribut** (summae audāciae) eine nähere Beschreibung der besonderen Eigenart, der **Qualität** des Wolfes. Daher nennen wir einen Genitiv dieser Art **gen. quālitātis.** Auch der gen. quālitātis wird immer – wie der abl. quālitātis (vgl. § 29.2) – mit einem Attribut verbunden und kann wie ein Attribut (hier: Satz b) oder wie ein Prädikatsnomen (hier: Satz c) gebraucht werden.

1. In der historischen **Erzählung** bezeichnet das **Imperfekt** einen **Zustand** oder die **Dauer einer Handlung** (Hintergrund). Dagegen **führt** das **Perfekt** die Handlung **weiter** oder zeigt an, daß **etwas Neues** eintritt (Vordergrund).
   Tempuskennzeichen des Imperfekts: **-ba-** (a-/e-Konjugation)
   -ēba- (i-/kons./gemischte Konjugation)
2. **Adverbialer GS: cum inversīvum** (Umkehrung) mit Perfekt: „als“

3.a) Der **gen. possessīvus** bezeichnet den **Besitzer.** (Übersetzung durch Genitiv)

b) Der **gen. subiectīvus** bezeichnet das **Subjekt** (Übersetzung durch Genitiv)

c) der **gen. obiectīvus** bezeichnet das **Objekt** (Übersetzung durch präpositionalen Ausdruck)

} der Tätigkeit oder Empfindung, die im Beziehungswort enthalten ist (timor : timēre!).

d) Der **gen. partītīvus** bezeichnet das **Ganze,** von dem **ein Teil** angegeben ist. (Übersetzung durch Genitiv oder präpositionalen Ausdruck)

e) Der **gen. quālitātis** gibt eine **Eigenschaft** seines Beziehungswortes an. (Übersetzung mit der Präposition „von“ oder besser durch ein Adjektiv).

XV LECTIO QUINTA DECIMA

§ 36
A

1. Discere puerīs iūcundum nōn est.
   inf Dat Nom K
   Lernen (zu lernen; das Lernen) macht den Jungen keinen Spaß.
2. Puellae fābulās audīre mālunt.
   Nom Akk inf P
   Die Mädchen wollen lieber Geschichten hören.
3. Doctrīnam parāre licet.
   Akk inf P
   (Wissen zu erwerben ist erlaubt.) Man kann Wissen erwerben.

4. Daedalum diū in exiliō vīxisse fāma est.
Akk Adv Abl inf
aci Nom K

(Daß Daedalus lange in der Verbannung gelebt hat, ist eine Sage.) Der Sage nach hat Dädalus lange in der Verbannung gelebt.

Wie im Deutschen kann der **Infinitiv Subjekt** oder **AO** sein (§§ 15 C; 7).

Auch als Subjekt oder Objekt bleibt der **Infinitiv** ein **Verb.** Er wird nämlich wie eine finite Verbform

a) durch ein Objekt ergänzt (hier: „audīre" durch „fābulās"),
b) durch eine adverbiale Bestimmung erweitert (hier: „vīxisse" durch „diū" und „in exiliō").

Die Übersetzung von Satz 1 kann auch lauten: „**Es** macht den Jungen keinen Spaß **zu lernen.**" In diesem Satz ist „es" Stellvertreter für das nachgestellte Subjekt „zu lernen". Das Neutrum „es" zeigt, daß nicht eine Person Subjekt ist; deswegen sprechen wir von einem **unpersönlichen Ausdruck.**

Im Lateinischen ist bei unpersönlichen Ausdrücken die Stelle des Subjekts durch Inf. (Satz 3) oder aci (Satz 4) gefüllt.

B 1. Parātae estis ad audiendum.
Nom K + □ nd

Ihr seid bereit (zum Hören) zu hören.

2. In pūniendō facultātem effugiendī
nd Akk nd
līberīs nōn dedērunt.
Dat P + □

Beim Strafen gaben sie den Kindern keine Gelegenheit (des Entkommens; zum Entkommen) zu entkommen.

Im Deutschen können wir den Infinitiv durch Vorsetzen des Neutrumartikels „das" zum Substantiv machen (hören – das Hören) und können ihn so in allen Funktionen eines Substantivs im Satz verwenden, also auch als **adverbiale Bestimmung** (hier: zum Hören; beim Strafen) und **Genitivattribut** (hier: des Entkommens). Auch das Lateinische kennt diese Funktionen eines Verbs im Satz, nur werden andere Verbformen verwendet, da die Infinitivform nur als Nominativ und Akkusativ gebräuchlich ist. Für die übrigen Kasus sind Formen vorhanden, zu deren Bildung der Präsensstamm der Verben erweitert ist um das Morphem **-nd-** (bei der a-/e-Konjugation: lauda-nd-ī, dēle-nd-ī) bzw. **-end-** (bei den anderen Konjugationen: audi-end-ī; leg-end-ī; capi-end-ī). Wir nennen sie deshalb **nd-Formen.** (Eine andere Bezeichnung ist Gerundium). Wie bei den Neutra der o-Deklination treten bei den nd-Formen als Kasusausgänge nur -ī, (-ō), -um, -ō auf. (Der Dativ ist sehr selten.)

Beachte: Nach einer Präposition steht auch im Akkusativ die nd-Form (ad audiendum), nicht der Infinitiv.

Formenübersicht:

a- und e-Konjugation			i-, kons. u. gem. Konjugation	
S oder AO	Gen.-Attr., AB		S oder AO	Gen.-Attr., AB
laudāre dēlēre		**Nom.**	audīre legere capere	
	lauda-nd-ī dēle-nd-ī	**Gen.**		audi-end-ī leg-end-ī capi-end-ī
	(lauda-nd-ō)	**Dat.**		(audi-end-ō)
laudāre dēlēre	ad lauda-nd-um ad dēle-nd-um	**Akk.**	audīre legere capere	ad audi-end-um ad leg-end-um ad capi-end-um
	lauda-nd-ō dēle-nd-ō	**Abl.**		audi-end-ō leg-end-ō capi-end-ō

C 1. Hodiē cupidae sumus audiendī fābulam.
Adv Nom K + □ nd Akk

Heute (sind wir begierig, eine Geschichte zu hören) möchten wir eine Geschichte hören.

2. Bene audiendō doctrīnam parāre licet.
Adv nd Akk inf P

Durch gutes Zuhören ist es möglich, Wissen zu erwerben (oder: ... kann man Wissen erwerben).

Wie der Infinitiv bleibt auch die **nd**-Form ein Verb; sie kann nämlich wie eine finite Verbform durch ein Objekt ergänzt werden (audi**endī** durch fābulam) oder durch eine adverbiale Bestimmung (audiendō durch bene) erweitert werden.

Beachte: Bei der Übersetzung mit einem substantivierten Infinitiv (hier: durch Zuhören) wird das lateinische Adverb (hier: bene – gut) zum adjektivischen Attribut (hier: durch gutes Zuhören).

D **Übersetzung:** Bei der Übersetzung einer **nd**-Form behalten wir den Infinitiv nach Möglichkeit bei:

1. **Genitiv**: Facultās **effugiendī** – die Gelegenheit **zu entkommen.**
2. Im Zusammenhang **mit einer Präposition:**
   Genitiv: grātiās **agendī causā – um zu danken**;
   Akkusativ: parātae estis **ad audiendum** – ihr seid bereit **zu hören.**

3. Nur für eine **nd-Form im Ablativ** läßt sich ein Infinitiv im allgemeinen nicht formulieren. Daher klären wir zunächst – wie auch sonst bei der Übersetzung eines Ablativs – die gedankliche Beziehung zum Prädikat des Satzes und geben die nd-Form dann durch

(a) eine **adverbiale Bestimmung** oder
(b) einen **Adverbialsatz** wieder:

Discendō hominēs sibi doctrīnam parant.	(a) **Durch Lernen** erwerben (sich) die Menschen Wissen. (b) **Dadurch, daß sie lernen,** erwerben (sich) die Menschen Wissen.
In pūniendō facultātem effugiendī nōn dedērunt.	(a) **Beim Strafen** gaben sie keine Gelegenheit zu entkommen. (b) **Während sie straften,** gaben sie keine Gelegenheit zu entkommen.

1. Ein **Infinitiv** (bzw. **aci**) ist Subjekt oder Akkusativobjekt eines Satzes: [inf] oder (inf), [aci] oder (aci). An anderer Stelle im Satz kann nur nd-Form stehen: /nd\ oder z.B. nd].
2. Infinitive und -nd-Formen werden wie finite Verbformen durch Objekte ergänzt und durch adverbiale Bestimmungen erweitert.
3. Auch die nd-Form übersetzen wir möglichst mit einem Infinitiv. Steht die -nd-Form im Ablativ, bilden wir eine adverbiale Bestimmung (substantivierter Infinitiv) oder einen Adverbialsatz.

XVI LECTIO SEXTA DECIMA

§ 37

1. Nēmō nōs dēfendere **potest**.	Niemand **kann** uns verteidigen.
2. Rem pūblicam servāre nōn **possumus**.	**Wir können** den Staat nicht retten.
3. Iam saepe patriae adesse **potuistī**.	Schon oft **hast du** dem Vaterland helfen **können**.

Die Form **pot-est** enthält zwei Bestandteile: Den ersten finden wir auch in dem Substantiv **pot**entia – Macht; er bedeutet also etwa „mächtig, fähig". Der zweite ist eine **Präsensform von esse.** Also heißt **potest:** er ist fähig, mächtig; oder: **er kann.**

Auch **pos-sumus** enthält beide Bestandteile. Nur hat sich vor dem konsonantisch anlautenden „sumus" der Auslaut von pot- nicht wie vor einem Vokal (pot-est) erhalten. Er ist vielmehr an den folgenden Konsonanten angeglichen worden (pot-sumus > pos-sumus); das gilt auch für den Inf.Präs. (pot-se > pos-se).

Im **Imperfekt** treten die entsprechenden Formen von **esse** (also: eram, erās usw.) an den Stamm pot- (also: pot-eram, pot-erās usw.). Der **Perfektstamm** ist **potu-** (also: potuī, potuistī usw.).

Formenübersicht:

Präs. Sg.	**possum**	**Impf. Sg.**	**poteram**	**Perf. Sg.**	**potuī**
	potes		**poterās**		**potuistī**
	potest		**poterat**		**potuit**
Pl.	**possumus**	**Pl.**	**poterāmus**	**Pl.**	**potuimus**
	potestis		**poterātis**		**potuistis**
	possunt		**poterant**		**potuērunt**
Inf.	posse			**Inf.**	**potuisse**

§ 38

1. Membra ventrem corporī nōn **prōdesse** putābant.	Die Glieder glaubten, daß der Magen dem Körper nicht **nütze.**
2. Nōs corporī **prōsumus.**	**Wir nützen** dem Körper.
3. Discordia neque membrīs neque corporī **prōfuit.**	Die Zwietracht **hat** weder den Gliedern noch dem Körper **genützt.**

Prō-sumus zeigt sich als Zusammensetzung aus der Präposition **prō** (für) **und** einer **Präsensform von esse. Prō-fuit** hat die gleiche Zusammensetzung, aber mit Perfektform von esse. Nur vor den vokalisch anlautenden Formen von esse (hier: **prōd-esse)** hat sich die ursprünglich auf **-d** auslautende Form der Präposition (prō**d)** erhalten; sonst ist das „d" geschwunden.

Formenübersicht:

Präs. Sg.	**prōsum**	**Impf. Sg.**	**prōderam**	**Perf. Sg.**	**prōfuī**
	prōdes		**prōderās**		**prōfuistī**
	prōdest		**prōderat**		**prōfuit**
Pl.	**prōsumus**	**Pl.**	**prōderāmus**	**Pl.**	**prōfuimus**
	prōdestis		**prōderātis**		**prōfuistis**
	prōsunt		**prōderant**		**prōfuērunt**
Inf.	**prōdesse**			**Inf.**	**prōfuisse**

Die Formen von **posse** und **prōdesse** sind Zusammensetzungen von **pot-** bzw. **prōd- und** den entsprechenden Formen von **esse. Beachte: posse** aus **pot-se.**

XVII LECTIO SEPTIMA DECIMA

§ 39 1. Vīsitō amīcum aegrōtum. — Ich besuche einen kranken Freund.

P + □ (Akk) A)

Vīsitō amīcum, quī aegrōtus est. — Ich besuche einen Freund, der krank ist.

[Nom] [Nom] K

P + □ (Akk) GS)

Die Stelle des Attributs kann durch ein Adjektiv (aegrōtum), aber auch durch einen Satz (quī aegrōtus est) gefüllt werden. Solche **Relativsätze** – oder: **Attributsätze** – sind **Gliedsätze** (GS), weil sie als Attribute Glieder des übergeordneten Satzes sind. Sie erhalten das Symbol (Zeichen), das der Satzzusammenhang erfordert, mit den Kennbuchstaben GS. Da hier der Relativsatz das Attribut des (Akk) amīcum ist, schreiben wir also GS).

Relativsätze werden durch ein **Relativpronomen** eingeleitet. Ein Pronomen ist ein „Stellvertreter", der ein Nomen „vertritt" (prō nōmine – anstatt eines Nomens). In unserem Beispiel können wir den attributiven Relativsatz „quī aegrōtus est" leicht in den unabhängigen Satz „amīcus aegrōtus est" verwandeln; „quī" ist also der Stellvertreter für „amīcus" und steht deswegen im Nominativ.

Nārrāvī dē agricolā, cui quattuor fīliī erant. — Ich habe von dem Bauern erzählt, (dem vier Söhne waren; besser:) der vier Söhne hatte.

In diesem Satz ist „cui" Stellvertreter für „agricolae": Agricolae quattuor fīliī erant; das Relativpronomen „cui" steht deswegen im Dativ.

So sehen wir: Ein Relativpronomen bezieht sich als Stellvertreter auf sein Beziehungswort (relativ – bezogen): „quī" auf „amīcum"; „cui" auf „agricolā". Diese Beziehung erkennen wir daran, daß sich das Relativpronomen in Numerus und Genus nach dem Beziehungswort richtet: **NG-Kongruenz.** Der **Kasus** des Relativpronomens ist jedoch jeweils durch seine Funktion im Relativsatz bestimmt. So kommt es, daß sich in unseren Beispielen auf den Akkusativ „amīcum" das Relativpronomen „quī" bezieht und dabei im Nominativ steht; und auf den Ablativ „agricolā" bezieht sich der Dativ „cui".

2. **Übersetzung**: Anstelle der „W-Wörter" (welcher, welche, welches usw.) setzen sich im Deutschen diejenigen Formen immer mehr durch, die bis auf den Gen. Sg. (dessen bzw. deren) und den Gen. und Dat. Pl. (derer/n und denen) mit den den Formen des bestimmten Artikels übereinstimmen.

3. **Formenübersicht:**

Sg.	Nom.	quī	der (welcher)	quae	die (welche)	quod	das (welches)
	Gen.	cuius	**dessen**	cuius	**deren**	cuius	**dessen**
	Dat.	cui	dem	cui	der	cui	dem
	Akk.	quem	den	quam	die	quod	das
	Abl.	ā quō	von dem	ā quā	von der	quō	mit dem
Pl.	Nom.	quī	die	quae	die	quae	die
	Gen.	quōrum	**derer/n**	quārum	**derer/n**	quōrum	**derer/n**
	Dat.	quibus	**denen**	quibus	**denen**	quibus	**denen**
	Akk.	quōs	die	quās	die	quae	die
	Abl.	ā quibus	**von denen**	ā quibus	**von denen**	quibus	**mit denen**

§ 40

1. Fīliī patrem interrogāvērunt. **Quī** nihil respondit.	Die Söhne fragten ihren Vater. **Der aber** (oder: **Dieser aber**) antwortete nichts.
2. Pater fīlium virgam frangere iussit. **Quod** fīlius sine magnō labōre facere potuit.	Der Vater forderte den Sohn auf, den Stock zu zerbrechen. **Und das** (oder: **Und dies**) schaffte (konnte tun) der Sohn ohne große Mühe.

Das Relativpronomen hat im Lateinischen auch die Aufgabe, eine **enge Verbindung selbständiger Sätze** über ein schweres Satzzeichen hinweg herzustellen. (Das Deutsche macht von dieser Möglichkeit nur in der Umgangssprache Gebrauch, z.B. „Was der Sohn ohne große Mühe schaffte". In der Übersetzung vermeiden wir diese Möglichkeit.) Diese Verwendung des Relativpronomens nennen wir: **relativischer Anschluß.** Er kann die **enge Verbindung zu einem bestimmten Wort** betonen (vgl. Satz 1: „quī" weist in NG-Kongruenz auf „patrem" hin), ebenso aber auch **zum Hauptinhalt des vorausgehenden Satzes** (vgl. Satz 2: „quod" weist in NG-Kongruenz auf „frangere" hin). Bei der Übersetzung tritt also an die Stelle des Relativpronomens der betonte, bestimmte Artikel oder das Demonstrativpronomen. Die enge Verbindung bringen wir durch Zusätze wie: und – nun – also – aber – denn – u.a.m. zum Ausdruck.

§ 41

1. **Quid** apportāvistī, Mārce?	**Was** hast du da gebracht, Markus?
2. **Quod dōnum** apportāvistī?	**Welches Geschenk** hast du gebracht?

Wortfragen müssen nicht allgemein gehalten sein (**Was** hast du gebracht?), sie können auch bereits den Gegenstand bezeichnen, aber nach seiner Art oder seiner Eigenschaft fragen: **Welches** Geschenk, **was für ein** Geschenk hast du gebracht? In Sätzen dieser Art steht das Fragewort also neben einem Substantiv; das Pronomen ist Stellvertreter eines Adjektivs – Markus kann die Frage ja mit dem

Adjektiv „pulchrum" („ein schönes") beantworten. Das Pronomen ist also wie ein Adjektiv verwendet und unterliegt daher der KNG-Kongruenz; wir nennen es **adjektivisches Fragepronomen.** Seine Formen stimmen mit den Formen des Relativpronomens überein (vgl. im Deutschen das Pronomen „welcher, welche, welches").

Auf das „quid?" in Satz 1 hingegen muß Markus mit einem Substantiv antworten (z.B.: „Dōnum"); dieses Pronomen ist Stellvertreter eines Substantivs. Deswegen heißen diese (alleinstehenden) Fragepronomina **substantivische Fragepronomina.**

1. Die Stelle des Attributs kann durch einen Gliedsatz gefüllt werden: **Relativsatz (Attributsatz).**
2. **Relativischer Anschluß: Enge Verbindung selbständiger Sätze** durch ein Relativpronomen.
3. Zwischen einem **Relativpronomen** und seinem **Beziehungswort** besteht **NG-Kongruenz.**
4. Das **adjektivische Fragepronomen** gleicht dem Relativpronomen.

XVIII LECTIO DUODEVICESIMA

§ 42 1. **Stammformen:**

volō	voluī	velle	wollen
nōlō	nōluī	nōlle	nicht wollen
mālō	māluī	mālle	lieber wollen, vorziehen

2. **Formenübersicht:**

Präsens:	volō	nōlō	mālō
	vīs	**nōn vīs**	**māvīs**
	vult	**nōn vult**	**māvult**
	volumus	nōlumus	mālumus
	vultis	**nōn vultis**	**māvultis**
	volunt	nōlunt	mālunt
Imperfekt:	volēbam	nōlēbam	mālēbam
	volēbās	nōlēbās	mālēbās
	usw.	usw.	usw.
Imperativ:	–	**nōlī**	–
	–	**nōlīte**	–
Perfekt:	voluī	nōluī	māluī
	voluistī	nōluistī	māluistī
	usw.	usw.	usw.

§ 43 1. **Nōlī** stultus esse, Mārce! **Sei nicht** töricht, Markus!

2. **Nōlīte** stultae esse, puellae! **Seid nicht** töricht, Mädchen!

Die Formen „nōlī" und „nōlīte" bezeichnen in Verbindung mit einem Infinitiv ein **Verbot**.

§ 44 1. Mārcus **prīmus** ad tumulum venit. Markus erreicht **als erster** den Hügel.

[Nom] P] (Akk) P~

Das Adjektiv „prīmus" kann in diesem Satz nicht als Attribut zum Subjekt „Mārcus" gehören, da nur **ein** Markus am Wettlauf teilnimmt. Andererseits weist „**prīmus**" als Nominativ auf eine Beziehung zum Subjekt hin (KNG-Kongruenz!). Mit der Übersetzung „**als** erster" haben wir diese **Beziehung zum Subjekt** ausgedrückt. Der linke Pfeil macht das deutlich. Wie die Übersetzung „als erster" zeigt, wird zugleich auch das Prädikat, das Erreichen, näher erläutert: Markus **kommt als erster ins Ziel,** nicht abgeschlagen unter „ferner liefen". Auf diese Beziehung weist der rechte Pfeil hin. Wir merken uns: Unser Symbol (hier:]) weist auf das Beziehungswort hin (hier [Nom]), das **P** auf die Beziehung zum **P**rädikat. Ein Satzglied, das sein Beziehungswort **und** das Prädikat näher erläutert, nennen wir **Prädikativum**; wir sagen auch: dies Adjektiv (hier: prīmus) steht **prädikativ**.

2. Mārcus **laetus** cēterīs nārrat.

[Nom] 1) P] 2) A] (Dat) P~

1) Markus berichtet **froh** den übrigen.

2) Der **frohe** Markus berichtet den übrigen.

Wir haben hier für den einen lateinischen Satz zwei deutsche Übersetzungen angeboten. Sie unterscheiden sich darin, daß das lateinische **Adjektiv „laetus"**
in der 1. Übersetzung **ohne Endung** (wie ein Adverb),
in der 2. Übersetzung **mit Endung**, zwischen Artikel und Substantiv, als **Attribut** erscheint. In der **2. Übersetzung** bezeichnet das **Attribut** „laetus" also eine **allgemeingültige Eigenschaft** des Jungen (vgl. z.B.: „sonny boy"). Diese Aussage hat keine besondere Beziehung auf das Geschehen gerade dieses Satzes. In der **1. Übersetzung** ist der Junge ebenfalls froh. Daher steht „laetus" in KNG-Kongruenz zum Subjekt (hier: Mārcus). Aber diese Feststellung **gilt nur für das Geschehen dieses Satzes**, insbesondere für das Prädikat: wir erfahren nämlich, in welcher Stimmung Markus gerade den übrigen berichtet. Ob er auch sonst immer froh ist, wird nicht gesagt.

Im Lateinischen können wir an der Form nicht erkennen, ob ein Adjektiv attributiv oder prädikativ zu übersetzen ist.

Im Deutschen steht ein Adjektiv mit prädikativer Funktion nicht zwischen Artikel und Substantiv, sondern für sich. Im Gegensatz zur lateinischen Sprache bleibt das prädikativ übersetzte Adjektiv im Deutschen endungslos, sieht also genauso aus wie ein Prädikatsnomen oder ein Adverb.

3. Rōmānī Cicerōnem **cōnsulem** creāvērunt.
Nom Akk P P

Die Römer haben Cicero **zum Konsul** gewählt.

Was war Cicero, bevor die Römer ihn zum Konsul wählten? Gewiß nicht Konsul! So sehen wir, daß „cōnsul" keine dauernde Eigenschaft Ciceros ist. Konsul wird er ja erst durch die Wahl; es war der Zweck der Wahl, Cicero zum Konsul zu machen. Das Satzglied „cōnsulem" bezieht sich also nicht nur auf das Beziehungswort „Cicerōnem", sondern es erläutert auch das Prädikat, indem es den Zweck des Wählens angibt: „cōnsulem" ist hier ein **Prädikativum** bzw. ein **prädikativ gebrauchtes Substantiv**. Wie jedes Prädikativum ist es durch **zwei** Beziehungen mit dem übrigen Satz verbunden, einmal durch die Beziehung auf das Beziehungswort (in KN-Kongruenz) und dann durch die besonders wichtige Beziehung zum Prädikat. Deswegen erscheinen in den Satzbauplänen die beiden Pfeile.

Wir können den Satz sogar so übersetzen: „Die Römer wählten Cicero, **damit er** Konsul **sei**." Hier entspricht dem lateinischen Prädikativum ein deutscher GS mit Konjunktion, Subjekt und Prädikat. Das Prädikativum bringt also eine weitere, vollständige Aussage über das Beziehungswort; in dem knappen Ausdruck „versteckt" sich ein weiteres **Prädikat** („sei"). Auch deswegen sprechen wir von **Prädikativum.**

XIX LECTIO UNDEVICESIMA

§ 45 1. Herculēs ā rēge vocātus statim venit.

In diesem Satz ist „Herculēs" Subjekt, „venit" Prädikat und „statim" dazu adverbiale Bestimmung. „Vocātus" kann also nicht P sein; aber als Verbform enthält es offensichtlich ein „verstecktes" Prädikat: „Vocātus" ist also ein Prädikativum, das mit seinem Beziehungswort in KNG-Kongruenz steht; es bringt eine weitere Aussage über „Herculēs" (vgl. § 44.3). Als Satzglied heißt es deswegen **prädikatives Partizip (PP)**; als Wortart und Verbform nennen wir es Partizip Perfekt Passiv (PPP) (§ 22A).

Als Prädikativum erläutert „vocātus" auch das P „venit": Herkules kommt als Gerufener; da jedoch der Ausdruck so knapp ist, können wir nicht ohne weiteres erkennen, in welchem **gedanklichen Verhältnis** „vocātus" zu „venit" steht. Wir müssen deswegen nach dem Sinn fragen und entsprechend übersetzen:

Herkules kommt sofort ...

wann kommt er sofort?	... **nachdem** er vom König gerufen worden ist;
warum kommt er sofort?	... **weil** er vom König gerufen worden ist;
unter welcher Bedingung kommt er sofort?	... **wenn** er vom König gerufen worden ist.

In einem anderen Zusammenhang könnte es heißen:

trotz welchem Umstand ... **obwohl** er vom König gerufen worden ist.
kommt er sofort?

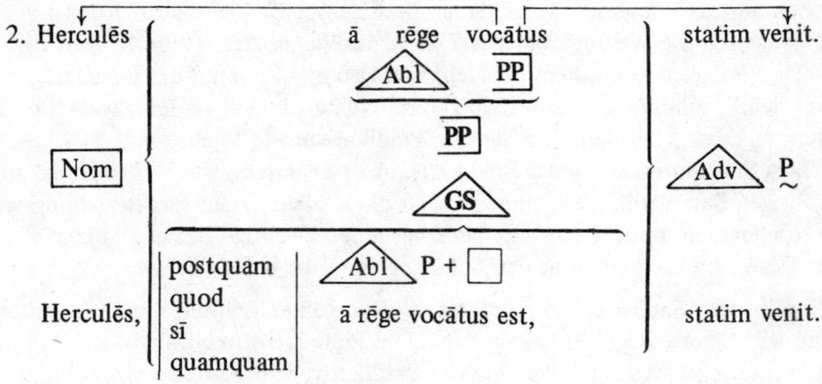

Diese Zusammenstellung der Satzbaupläne zeigt, daß die Stelle des PP auch durch einen adverbialen GS gefüllt werden kann. Entsprechend ist in unseren Übersetzungen das lateinische PP überall durch einen deutschen GS wiedergegeben, der die weitere Aussage des Prädikativums über sein Beziehungswort enthält. Deswegen tritt in den Gliedsätzen der Stellvertreter „er" für „Herkules" auf: Das Beziehungswort eines PP muß im HS **und** im GS übersetzt werden. – Weil das Beziehungswort „Herculēs" und das prädikative Partizip „vocātus" so eng verbunden sind, heißt das PP auch **participium coniūnctum (pc)** (coniungere – verbinden). Deswegen der eckige Pfeil von „vocātus" zu „Herculēs".

Nun zu dem eckigen Pfeil von „vocātus" zu „venit"! Wir haben gesehen, daß im Lateinischen das gedankliche Verhältnis des pc zum P̰ nicht ausgedrückt wird. Es muß aus dem Sinn erschlossen und in der Übersetzung durch die **Konjunktion** des GS bezeichnet werden: Dem lat. **pc** entspricht ein dt. **Konjunktionalsatz** (bzw. **Adverbialsatz**: § 26).

Auf die Frage ↓	nach ↓	antwortet ein ↓	mit der Konjunktion ↓
wann?	der Zeit	Temporalsatz	als; nachdem; sobald
warum?	dem Grund	Kausalsatz	weil; da
unter welcher Bedingung?	der Bedingung	Konditionalsatz	wenn; falls
trotz welchem Umstand?	dem Zugeständnis	Konzessivsatz	obwohl; obgleich

Übrigens liegt es nur an unserem Beispielsatz, daß sich so viele Möglichkeiten der Übersetzung ergeben. Meistens können wir aus dem Sinnzusammenhang das gedankliche Verhältnis des pc zum P eindeutig bestimmen.

3. Die Aussage des pc können wir auch im Deutschen ähnlich knapp wie im Lateinischen formulieren:

Herkules kommt **nach** dem Ruf des Königs sofort.
Herkules kommt **wegen** des Rufes des Königs sofort.
Herkules kommt **im Falle** eines Rufes des Königs sofort.
Herkules kommt **trotz** dem Ruf des Königs sofort.

Aus dem pc ist hier ein Substantiv geworden. Die Beziehung zum Beziehungswort „Herculēs" wird im Deutschen oft nicht hervorgehoben, sondern ergibt sich aus dem Sinn. Aber das gedankliche Verhältnis des pc zum P wird auch hier bezeichnet, nämlich durch die verschiedenen Präpositionen. So haben wir das pc durch ein **Substantiv mit Präposition** wiedergegeben und als adverbiale Bestimmung ohne Kommata in den Satz eingeordnet: wir sprechen von **Einordnung (E)**. Im Gegensatz dazu zeigen die Übersetzungen mit Konjunktionalsatz durch das Komma die **Unterordnung (U)** des GS unter den HS an.

4. Wir können jedoch die Aussage des pc auch als HS formulieren und neben die Aussage des Prädikats stellen; hier sprechen wir von **Beiordnung (B):**

Herkules **wird** vom König **gerufen und** kommt **darauf** sofort.
Herkules **wird** vom König **gerufen und** kommt **deshalb** sofort.
Herkules **wird** vom König **gerufen und** kommt **in diesem Fall** sofort.
Herkules **wird** vom König **gerufen und** kommt **trotzdem** sofort.

In der Übersetzung setzen wir also zuerst das pc als finites Verb ein und fügen das weitere Prädikat mit **„und"** an; das gedankliche Verhältnis des pc zum P muß nun im zweiten Teil des Satzes durch ein entsprechendes **Adverb** bezeichnet werden.

5. Schließlich könnten wir das PPP wörtlich übersetzen:

Herkules kommt, vom König **gerufen,** sofort.

Da diese Übersetzung das gedankliche Verhältnis des pc zum P nicht bezeichnet, kommt sie nur **sehr selten** in Frage.

6. Ein Partizip bezeichnet nicht die Zeitstufe wie ein finites Verb, sondern das **Zeitverhältnis** der Partiziphandlung zu der Handlung des P (ebenso wie die Infinitive: § 30). Das Partizip **Perfekt** bezeichnet also die **Vorzeitigkeit.** Das bedeutet in unserem Beispiel: Das Rufen liegt **zeitlich vor** dem Kommen (Der König ruft, **bevor** Herkules kommt).

Wenn die Zeitstufe des finiten Verbs **Gegenwart** ist, übersetzen wir ein PPP folglich mit dem dt. **Perfekt** (Vorgegenwart):

Herkules **kommt**, weil er **gerufen worden ist.**

Wenn die Zeitstufe des finiten Verbs **Vergangenheit** ist, wählen wir das dt. **Plusquamperfekt** (Vorvergangenheit):

Herkules **kam**, weil er **gerufen worden war.**

7. **Übersicht**:
Herculēs ā rēge vocātus statim venit:

	U	E	B
	H. kommt sofort,	H. kommt	H. wird vom König gerufen und kommt
temp.	als; nachdem; sobald	nach dem Ruf	darauf; danach; dann
kaus.	weil; da	wegen des Rufes	deshalb; daher
kond.	wenn; falls	im Fall eines Rufes	in diesem Fall
konz.	obwohl; obgleich	trotz dem Ruf	trotzdem; dennoch
	er vom König gerufen worden ist.	des Königs sofort.	sofort.

§ 46 Templa flammīs **dēlēta** īram excitāvērunt.

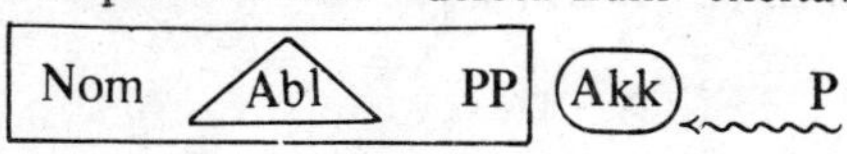

Die Zerstörung der Tempel durch Feuer entfachte den Zorn.

Satzbild und Übersetzung lassen erkennen, daß dem PP eine besondere Bedeutung zukommt: Nicht die Tempel entfachten den Zorn, sondern **die Tatsache, daß die Tempel durch Feuer zerstört sind.** Mit anderen Worten: die Aussage des Partizips ist entscheidend, **dominiert** (= herrscht vor; hier: die Zerstörung).
Wir sprechen in diesem Fall von einem dominanten Partizip. Wir erkennen das **dominante Partizip** daran, daß das Beziehungswort ohne das Partizip seine Funktion im Satz nicht sinnvoll erfüllen kann. Das PP ist dominierender Bestandteil der Stelle Subjekt.

1. **Übersetzungsmöglichkeiten für das pc** bzw. **PP:**
   (a) gedankliches Verhältnis: **temporal – kausal – konditional – konzessiv**
   (b) Satzbau:
   Unterordnung: Adverbial-/Konjunktionalsatz — GS
   Einordnung: Substantiv mit Präposition — AB
   Beiordnung: pc → Prädikat ... **„und“ ... Adverb** — **P und ... Adv**

   Die ersten Buchstaben ergeben UEB! Denn UEBen muß man es, ein pc nach der UEB-Formel richtig zu übersetzen.
2. Das PPP (Partizip **Perfekt** Passiv) bezeichnet immer die **Vorzeitigkeit** zu der Handlung, die im finiten Verb ausgedrückt ist.
3. Wir sprechen von einem **dominanten Partizip**, wenn die Aussage des Partizips so gewichtig ist, daß ohne sie das Beziehungswort seine Funktion im Satz nicht sinnvoll erfüllen kann.

XX LECTIO VICESIMA

§ 47 1. **Stammformen:** ferō, tulī, lātum, ferre – tragen; bringen; berichten

2. **Formenübersicht:**

	Aktiv	**Passiv**		**Aktiv**	**Passiv**
Präsens	ferō	feror	**Perfekt**	tulī	lātus,-a,-um sum
	fers	**ferris**		tulistī	lātus,-a,-um es
	fert	**fertur**		usw.	usw.
	ferimus	ferimur			
	fertis	feriminī			**Partizip:**
	ferunt	feruntur			lātus,-a,-um
Impf.	ferēbam	ferēbar			
	ferēbās	ferēbāris			
	usw.	usw.			
Inf.	**ferre**	**ferrī**		tulisse	lātum,-am,-um (usw.) esse
Impv.	**fer**				
	ferte				
nd-Form	ferendī, usw.				

§ 48 1. **Quid novī** fertis, amīcī? — **Was** bringt ihr (an Neuem =) **Neues,** Freunde?

Auch **nach Pronomina** gebraucht der Lateiner oft den Genitiv zur Angabe des Ganzen (hier: novī), von dem ein Teil (hier: quid?) betrachtet wird. Wir zählen diese Erscheinung zum **gen. partītīvus** (§ 35,2.a).

2. Amīcī Caesarī **nōmen rēgis** offerre volēbant. — Die Freunde wollten Cäsar den **Titel König** (auch: Königstitel) anbieten.

Ein Name, ein Titel o.ä. wird im Lateinischen dadurch näher bestimmt, daß die „genaue Bestimmung" im Genitiv dazutritt. Wir sagen daher auch: **gen. dēfīnītīvus** (dēfīnīre – genau bestimmen); im Deutschen fehlt gewöhnlich die Genitivendung.

§ 49 1. **Quod** fert fortūna, fer! — Ertrage, **was** das Schicksal bringt!

2. **Quod** fert fortūna, ferrī dēbet. — **Was** das Schicksal bringt, muß (ertragen werden =) man ertragen.

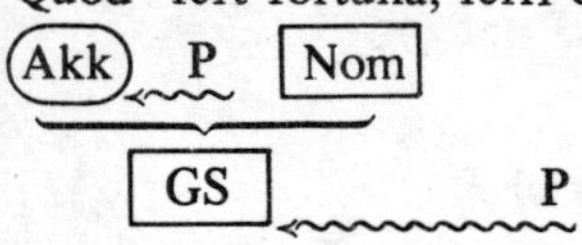

Relativsätze können die Funktion von **Attributsätzen** haben (§ 39). Die beiden neuen Sätze zeigen, daß ein **Relativsatz** auch **Subjektsatz** (2) bzw. **Objektsatz** (1) sein kann. Diese Funktion liegt vor, wenn kein Beziehungswort für das Relativpronomen vorhanden ist.

§ 50 1. **Ferunt (Dīcunt) Graecōs** cūnctōs Trōiānōrum virōs **interfēcisse.**

2. **Graecī** cūnctōs Trōiānōrum virōs **interfēcisse feruntur (dīcuntur).**

(Sie sagen, ... besser:) **Man sagt, daß die Griechen** alle Männer der Trojaner **getötet haben.**
Oder: Die Griechen sollen alle Männer der Trojaner **getötet haben.**

Im Gegensatz zum Deutschen können **Verben des Sagens und Meinens** im Lateinischen auch ein **persönliches Passiv** bilden. Ein von aktivischen Verbformen abhängiger aci (vgl. S. 1: **ferunt** Graecōs interfēcisse) erscheint neben passivischen Verbformen als **nci** (nōminātīvus cum īnfīnītīvō; vgl. S. 2: Graecī ... interfēcisse **feruntur**).

Ein Unterschied in der Bedeutung ist für uns nicht erkennbar. Wir wählen daher für beide lateinische Aussageformen entweder die unpersönliche Übersetzung (**man** sagt, daß ...) oder verwenden die entsprechenden Formen von „**sollen**".

§ 51 Rōmānī **captīvōs collātōs** in oppidum proximum ēgērunt.

Nachdem die Gefangenen zusammengezogen waren, trieben die Römer **sie** in die nächste Stadt.

Da in dem Satz die Römer auch die „Täter“ der Handlung des PPP sind, übersetzt man das PPP besser aktivisch (vgl. § 14 C):

Nachdem die Römer **die Gefangenen zusammengezogen hatten**, trieben sie **sie** in die nächste Stadt.

Satzbild:

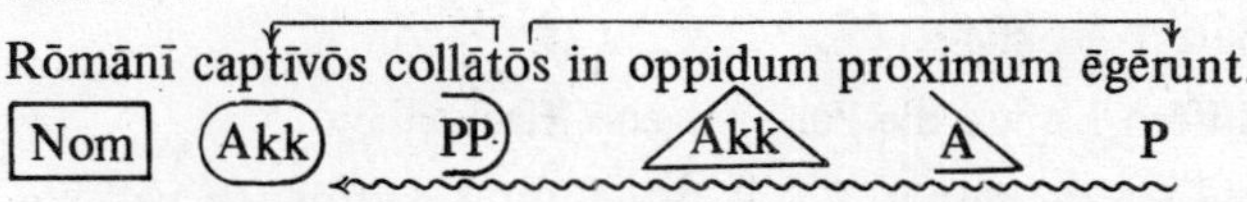

Der Ausgang des PP „collātōs“ zeigt an, daß als Beziehungswort nur „captīvōs“ in Frage kommt; das zeigt der linke Pfeil im Satzbild. Ein PP kann sich also nicht nur auf das Subjekt eines Satzes beziehen (vgl. Beispielsatz in § 45), sondern ebenso auf andere Satzglieder (hier: captīvōs – AO). Auch in diesem Falle muß das Beziehungswort im HS **und** im GS übersetzt werden – einmal als Pronomen: im HS in dem Kasus, den Beziehungswort und PPP im lateinischen Satz zeigen; im GS je nach Übersetzung: das Beziehungswort wird beim Passiv Subjekt, beim Aktiv Objekt.

Nach der Übersicht in § 45.7 ergeben sich für diesen Satz bei temporalem Verhältnis folgende Übersetzungsmöglichkeiten:

U: Die Römer trieben **die Gefangenen** in die nächste Stadt, **nachdem** sie **sie zusammengezogen hatten.**

E: Die Römer trieben **die Gefangenen nach ihrer Zusammenführung** in die nächste Stadt.

B: Die Römer **zogen die Gefangenen zusammen und** trieben **sie dann** in die nächste Stadt.

1. Auch neben Pronomina steht oft ein gen. partītīvus.
   Durch den gen. dēfīnītīvus werden allgemeine Begriffe näher bestimmt.
2. Relativsätze können auch Subjekt- bzw. Objektsätze sein.
3. Der **nci** steht nach Verben des Sagens und Meinens, wenn das finite Verb im Passiv steht; „dīcī“ bzw. „ferrī“ übersetzen wir dann meist mit „sollen“.
4. Wenn das Subjekt des Satzes auch „Täter“ der Handlung des PPP ist, wird das PPP aktivisch übersetzt.
5. Der Ausgang des Partizips zeigt an, über welches Satzglied das PP etwas aussagt.

§ 52 1. Multīs nāvigiīs Persae in Graeciam vēnērunt.

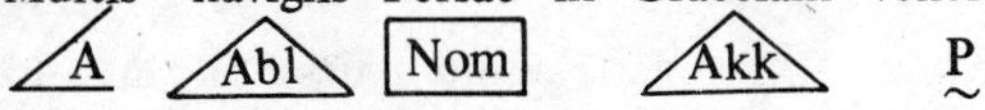

2. Multīs nāvigiīs **dēlētīs** Persae in Asiam pedem rettulērunt.

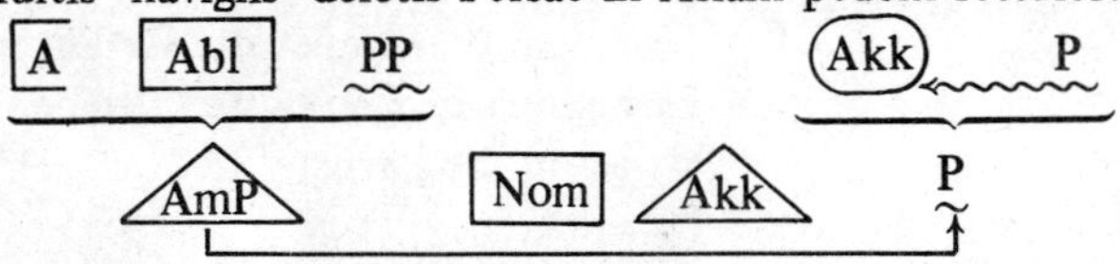

Die Übersetzung von Satz 1 ist klar:

(Mit) Auf vielen Schiffen kamen die Perser nach Griechenland.

Der abl. īnstrumentī „nāvigiīs" erläutert das P „vēnērunt": Auf die Frage „Womit kamen die Perser?" gibt er das (Transport-)Mittel an.

In Satz 2 sieht das anders aus: Neben dem Ablativ „nāvigiīs" steht das Partizip „dēlētīs – vernichtet" in KNG-Kongruenz; vernichtete Schiffe können kein Transportmittel sein. Hier ist das Wort „nāvigiīs" für sich allein kein sinnvolles Satzglied. Wir erkennen, daß „dēlētīs" ein PP ist, das ein „verstecktes" Prädikat enthält (§ 44.3). Die Ablative „multīs nāvigiīs dēlētīs" bilden zusammen **einen untrennbaren Wortblock** mit der Aussage „Viele Schiffe waren vernichtet"; dieser Block heißt **Ablativ mit Partizip (AmP).** Der **Wortblock als Ganzes** erläutert das P. Er bekommt deshalb das Symbol der **adverb**ialen Bestimmung △.

Das gedankliche Verhältnis des AmP zum P können wir nur aus dem Sinnzusammenhang erkennen – ebenso wie beim pc (§ 45.2). Wenn wir fragen: „Wann zogen sie sich zurück?", heißt die Übersetzung:

Nachdem viele Schiffe vernichtet (worden) waren, zogen sich die Perser nach Asien zurück.

Wir können aber auch die Frage stellen: „Warum zogen sie sich zurück?"; dann heißt die Übersetzung:

Weil viele Schiffe vernichtet waren, zogen sich die Perser nach Asien zurück.

Was ist hier neu? Wir erkennen es, wenn wir ein pc vergleichen:

Graecī perīculō territī in nāvigia sē contulērunt.

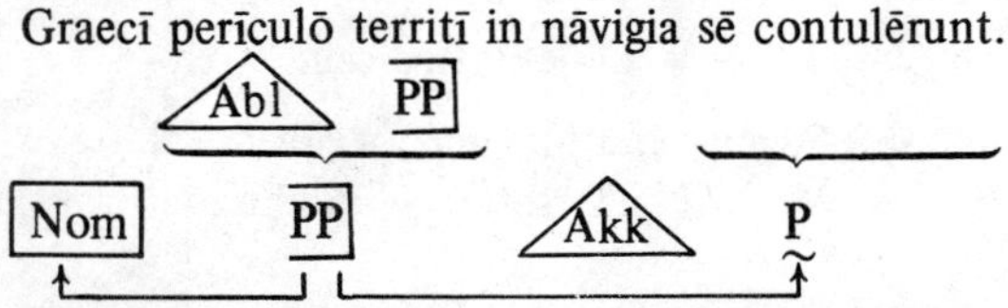

Weil die Griechen durch die Gefahr erschreckt waren, gingen sie auf die Schiffe.

Das pc „territī" erläutert nicht nur das P, sondern auch „Graecī"; Das **pc** ist **mit seinem Beziehungswort** durch KNG-Kongruenz **verbunden.** Deswegen heißt es participium **coniūnctum** und bekommt 2 eckige Pfeile (§ 45.2). In Satz 2 hingegen erläutert der **AmP-Block** außer dem P **kein** anderes Glied des Satzes; er hat also **kein Beziehungswort** wie das pc und erhält nur 1 eckigen Pfeil. So übersetzen wir das Ablativ-Subjekt „nāvigiīs" des AmP nur **einmal**, während das Beziehungswort eines pc in der Übersetzung **zweimal** erscheint (§ 45.2):

AmP: Weil viele *Schiffe* vernichtet waren, zogen sich **die Perser** zurück;
pc: Weil **die Griechen** ... erschreckt waren, gingen **sie** ...

Da der AmP-Block so von allen anderen Gliedern des Satzes (außer dem P) „abgelöst" scheint, heißt er auch **ablātīvus absolūtus (abl.abs.)** (absolvere – ablösen).

Innerhalb des AmP-Blocks bzw. des abl.abs. hat der Ablativ (hier: nāvigiīs) die Funktion des Subjekts, das PP (hier: dēlētīs) die Funktion des Prädikats: Abl und PP. (Vergleiche den Bau des aci: Akk und inf; § 8).

Die Übersetzungsmöglichkeiten jedoch entsprechen denen des pc (UEB: § 45.7): Wir können also die **Unterordnung** anwenden – so haben wir oben übersetzt; oder die **Einordnung:**

Nach der Vernichtung / Wegen der Vernichtung { der Schiffe zogen sich die Perser nach Asien zurück.

Und auch die **Beiordnung** (... „und" ... plus Adverb!):

Die Schiffe waren zerstört, **und** {danach / deshalb} zogen sich die Perser zurück.

Auch das gedankliche Verhältnis des AmP-Blocks zum P entspricht den Möglichkeiten des pc. Oben haben wir ein temporales bzw. kausales Verhältnis angenommen (wann? bzw. warum?). Wir können auch konzessiv formulieren, wenn der Sinn das erfordert:

Multīs nāvigiīs dēlētīs tamen nēmō in Graeciā relictus est.	**Obwohl** viele Schiffe vernichtet waren, wurde dennoch niemand in Griechenland zurückgelassen.

Hier zeigt „tamen" zusätzlich, daß der AmP-Block ein Zugeständnis, also ein konzessives Verhältnis ausdrückt.

Bellō fīnītō cōpiae sē recipiunt.	**Wenn** der Krieg beendet ist, ziehen sich die Truppen zurück.

Diesen Satz können wir also (auch) konditional übersetzen.

(Die „wörtliche" Übersetzung des AmP ist sprachlich fast unmöglich. Als **vorläufiger Versuch** kann sie aber hilfreich sein, wenn das gedankliche Verhältnis nicht ohne weiteres zu erkennen ist:

„Viele Schiffe vernichtet / die Perser zogen sich nach Asien zurück".

Das ist kein glatter Satz; aber wir können an dieser vorläufigen Fassung überlegen, in welchem gedanklichen Verhältnis der AmP zum P steht.)

Die Partizipien aller AmP dieser Sätze sind PPP, deren **Perfekt** die **Vorzeitigkeit** bezeichnet (§ 45.6): Die Handlung des AmP liegt in diesen Fällen immer **vor** der Handlung des finiten Verbs.

§ 53 In labyrinthō ā Daedalō **aedificātō** Minōtaurus retinēbātur.

In dem von Dädalus **erbauten** Labyrinth ... ; oder: In dem Labyrinth, **das** von Dädalus **erbaut worden war,** wurde der Minotaurus festgehalten.

Das Partizip ist zugleich Verbform und Adjektiv (§ 22 A). Deswegen kann es wie ein Adjektiv hin und wieder auch die Stelle Attribut füllen. Wir übersetzen es dann – aber auch nur dann! – wörtlich oder mit einem Attributsatz = Relativsatz (§ 39.1). In den meisten Fällen steht ein Partizip jedoch prädikativ und muß als pc mit UEB übersetzt werden. Wir versuchen am besten immer die Gegenprobe. So dürfen wir das Partizip in unserem Satz auch als pc auffassen.

In dem Labyrinth wurde der Minotaurus festgehalten, **nachdem** es von Dädalus erbaut worden war. Oder:

Nachdem das Labyrinth von Dädalus erbaut worden war, wurde **in ihm** (= darin) der Minotaurus festgehalten.

Im übrigen können wir in beiden Übersetzungen die GS streichen, ohne daß die Sätze ihren Sinn verlieren; so bleibt auch der lateinische Satz sinnvoll, wenn wir „ā Daedalō aedificātō" weglassen:

In labyrinthō Minōtaurus retinēbātur.

Die Wortgruppe „in labyrinthō ā Daedalō aedificātō" ist also kein AmP; denn im AmP bildet das PP mit dem [Abl] einen untrennbaren Wortblock, kann also nicht weggelassen werden (§ 52 Anfang). Außerdem verbindet sich ein Subjekt nie mit einer Präposition; das gilt auch für das [Abl].

Beachte: Eine Präposition vor einer Partizipialkonstruktion (= Wortgruppe mit Partizip) im Ablativ schließt AmP aus.

§ 54 Nūntius **Spartam** mittitur. Ein Bote wird **nach Sparta** geschickt.

Der Akkusativ ist allgemein der Richtungskasus (§ 3 A). Deswegen fehlt bei Städtenamen und kleinen Inseln auf die Frage „Wohin?" im Lateinischen die richtungsanzeigende Präposition (hier: Spartam – nach Sparta).

§ 55 **Paucīs hōrīs** iter perēgit. **Innerhalb weniger Stunden** legte er den Weg zurück.

Ein abl. temporis kann auch die Antwort geben auf die Frage „Innerhalb welcher Zeit?".

1. Der **AmP (abl.abs.)** ist ein geschlossener Wortblock, bestehend aus **Ablativ mit Partizip** in KNG-Kongruenz; Abl mit PP.

   Die Übersetzungsmöglichkeiten sind (wie beim pc, § 45):

Unterordnung:	Adverbial-/Konjunktionalsatz	GS
Einordnung:	Substantiv mit Präposition	AB
Beiordnung:	AmP → Subjekt und Prädikat ... **„und“** ... plus **Adverb**	**P und** ... Adv

2. Falls ein Partizip wirklich als Attribut steht, übersetzen wir es mit Partizip oder mit Relativsatz (Attributsatz).
3. Bei Städtenamen und kleinen Inseln gibt auf die Frage „Wohin?“ der bloße Akkusativ ohne Präposition die Richtung an.
4. Der abl. temporis antwortet auch auf die Frage „Innerhalb welcher Zeit?“.

XXII LECTIO VICESIMA SECUNDA

§ 56

A

Nōn, **quae** praeteriit, **hōra** redīre potest. — Eine **Stunde, die** vorüber (gegangen) ist, kann nicht wiederkehren.

Das **Beziehungswort** eines Relativsatzes kann im Lateinischen nicht nur **vor** dem **Relativsatz** stehen (§ 39), sondern auch **dahinter.** Gelegentlich steht das Beziehungswort im Relativsatz. Im Deutschen steht es immer davor.

B 1. **Stammformen:** eō, iī, itum, īre – gehen

2. **Formenübersicht:**

Präsens	eō	**Imperfekt**	ībam	**Perfekt**	iī
	īs		ībās		īstī
	it		usw.		iit
	īmus	**Imperativ**	ī		iimus
	ītis		īte		īstis
	eunt				iērunt
Infinitiv	īre				īsse
nd-Form	eundī usw.				

Merke: Nur vor -o/-u hat sich das ursprüngliche, in der Wurzel vorhandene -e- erhalten.

Kontrahierte Formen: iisse > īsse; ebenso: īstī, īstis.

XXIII LECTIO VICESIMA TERTIA

§ 57 Deklinationstabelle: u-Deklination

Die Formen sind nach dem Stamm auf -u und dem Kasusmorphem getrennt.

	Maskulina		Neutra	
	Singular	**Plural**	**Singular**	**Plural**
Nom.	portu-s	portū-s	cornū	cornu-a
Gen.	portū-s	portu-um	cornū-s	cornu-um
Dat.	portu-ī	porti -bus	cornū(u-ī)	corni -bus
Akk.	portu-m	portū-s	cornū	cornu-a
Abl.	portū	porti-bus	cornū	corni -bus

Der Stammauslaut ist -u; im Dat. und Abl.Pl. ist das -u zu -i geworden (diese Erscheinung nennen wir Vokalschwächung, § 21 E b).

Diese Wörter auf -us sind meist m., die auf -u sind n. Feminina sind „manus" und „domus". „Domus" bildet den Abl.Sg. (domō) und den Akk.Pl. (domōs) nach der o-Deklination; im Gen.Pl. gibt es neben „domuum" auch „domōrum".

Beachte: portus = Nom.Sg.; portūs = Gen.Sg., Nom.Pl. oder Akk.Pl.!

§ 58 Deklinationstabelle: i-Deklination

Die Formen sind nach dem Stamm auf -i und dem Kasusmorphem getrennt.

	Feminina		Neutra	
	Singular	**Plural**	**Singular**	**Plural**
Nom.	turri-s	turr -ēs	mare	mari-a
Gen.	turri-s	turri-um	mari-s	mari-um
Dat.	turrī	turri-bus	marī	mari-bus
Akk.	turri-m	{ turrī-s turr -ēs	mare	mari-a
Abl.	turrī	turri-bus	marī	mari-bus

Der Stammauslaut der Wörter dieser Deklination ist -i. Das -i- hat sich in allen Kasus in der Aussprache erhalten mit Ausnahme des Nom.Pl.f. (turr-ēs) und des Nom./Akk.Sg.n.; hier im Neutrum ist das -i zu -e abgeschwächt bzw. bei den Wörtern auf -al ausgefallen.

Diese Wörter auf -is sind f., die auf -e oder -al sind n.

Zur i-Deklination gehört auch „vīs"; im Sg. sind außer dem Nom. „vīs" nur „vim" und „vī" gebräuchlich, im Pl. alle Formen „vīrēs, vīrium" usw.

Wie „mare" wird auch „animal" dekliniert.

Beachte: turris = Nom.Sg. oder Gen.Sg.; turrīs = Akk.Pl.!

§ 59 **Kasusausgang -ī**

hortī	o-Dekl.m.	Gen.Sg.			Nom.Pl.
dōnī	o-Dekl.n.	Gen.Sg.			
speī	e-Dekl.	Gen.Sg.	Dat.Sg.		
labōrī	kons.Dekl.		Dat.Sg.		
portuī	u-Dekl.		Dat.Sg.		
turrī	i-Dekl.		Dat.Sg.	Abl.Sg.	

Weitere vokalische Deklinationen (§ 9 C):

a) **u-Deklination**: Kennzeichen: Stammauslaut (Abl.Sg.) **-ū**
b) **i-Deklination**: Kennzeichen: Stammauslaut (Abl.Sg.) **-ī**

XXIV LECTIO VICESIMA QUARTA

§ 60

1. Themistoclēs reī pūblicae praefuit. **Is** (vir) salūtī prōvidēbat.	Themistokles leitete den Staat. **Dieser** (Mann) sorgte für das Wohl.
2. Lacedaemoniī **ei** fidem habēbant.	Die Spartaner vertrauten **ihm.**
3. **Eae** angustiae, in quibus Leōnidās cecidit, memoriā tenentur.	(Derjenige – besser:) **Der** Engpaß, **in dem** Leonidas fiel, bleibt (in Erinnerung – besser:) unvergessen.
4.a) Potentiam **eius** crēscere nōlēbant.	Sie wollten nicht, daß (dessen) **seine** Macht wuchs.
b) Patent cōnsilia **eōrum.**	(Deren) **Ihre** Pläne liegen offen zutage.

Das Pronomen „**is, ea, id**" weist auf etwas – im allgemeinen vorher Genanntes – hin; deshalb nennen wir es „hinweisendes Fürwort" oder „**Demonstrativpronomen**" (vgl. dēmōnstrāre).

1. Dieses Pronomen wird wie ein Adjektiv in Verbindung mit einem Substantiv (**is vir – dieser Mann**) oder allein wie ein Substantiv (**is** ... prōvidēbat – **dieser** ... sorgte sich) gebraucht. Wir sagen daher: Das Pronomen ist **adjektivisch** bzw. **substantivisch** gebraucht. Übersetzung: **dieser, diese, dies**(es) usw.

2. Die Formen dieses Pronomens erscheinen in allen Kasus außer dem Nom. auch als **Personalpronomen** der 3. Person, also im Sinne des deutschen **„er, sie, es"** (Sg.) und **„sie"** (Pl.).

3. Wenn dieses **Demonstrativpronomen durch einen Relativsatz** näher **erklärt** wird, übersetzen wir es mit dem entsprechenden Kasus von **„derjenige"**; häufig genügt im Deutschen der betonte, bestimmte Artikel **„der, die, das"**.

4. Die **Genitive** werden auch als **Possessivpronomen der 3. Person** gebraucht. Dabei übersetzt man „eius" mit „sein" bzw. im Femininum mit „ihr" und die Pluralformen „eōrum, eārum" mit „ihr".

   Das **deutsche Possessivpronomen der 3. Person** (**„sein"** bzw. **„ihr"**) ist nicht immer eindeutig, wenn das Subjekt des Satzes in der 3. Person steht, z.B.: „Er liest **sein** Buch" kann das eigene Buch meinen, aber auch das des Freundes. Aus § 18 B wissen wir, daß im Lateinischen das Possessivpronomen der 3. Pers., **wenn es sich auf das Subjekt des Satzes bezieht,** **„suus"** lautet und mit seinem Beziehungswort in KNG kongruiert; also: „lib**rum** su**um** legit – er liest **sein (eigenes)** Buch". Ist der **Besitzer nicht Subjekt des Satzes,** weist auf ihn der Genitiv von „is, ea, id", also **„eius"** im Sg. und **„eōrum, eārum"** im Pl. hin: „librum eius legit – er liest sein (d.h. dessen, vielleicht des Freundes) Buch". Diese Formen können natürlich nicht der KNG-Kongruenz unterliegen; sie stehen für ein Substantiv im Genitiv und sind daher stets Genitivattribut.

5. **Formenübersicht: is, ea, id**

Sg.				**Pl.**		
is	ea	id	Nom.	iī (eī)	eae	ea
eius	eius	eius	Gen.	eōrum	eārum	eōrum
ei	ei	ei	Dat.	iīs (eīs)	iīs (eīs)	iīs (eīs)
eum	eam	id	Akk.	eōs	eās	ea
eō	eā	eō	Abl.	iīs (eīs)	iīs (eīs)	iīs (eīs)

§ 61 1. Caesar legiōnī equitātum **praesidiō dedit.** — Caesar **gab** der Legion die Reiterei **zum Schutz**.

Nom Dat Akk Dat P

Ebenso wie bei „esse" (§ 15 C) kann bei einer Reihe anderer Verben ein **dat. fīnālis** den **Zweck** angeben (hier: dare; ebenso: mittere, venīre, u.a.).

2. Periclēs, quī tum rem pūblicam **administrābat,** plēbem **convocat.** — Perikles, der damals den Staat **lenkte, rief** das Volk zur Versammlung.

Auch in der historischen Erzählung finden wir häufig das Präsens (hier: convocat). An solchen Stellen tritt dem Erzähler die Vergangenheit so lebendig vor Augen, daß sie ihm als Gegenwart erscheint. Wir sprechen in diesem Fall vom **Präsens historicum.** In der Übersetzung verwenden wir durchgehend das Präteritum.

1. **Übersetzungsmöglichkeiten für „is, ea, id"**

a) dieser, diese, dies(es)	=	Demonstrativpronomen
b) er, sie, es	=	Personalpronomen der 3. Person
c) der(jenige), die(jenige), das(jenige)	:	wenn dies Pronomen durch einen Relativsatz näher erläutert wird
d) eius; eōrum, eārum sein, ihr	=	Possessivpronomen der 3. Person

2. Der **Dativ des Zwecks** (dat.fīnālis) steht – häufig neben einem Dativ der Person – auch bei Verben mit der Bedeutung „geben, schicken, kommen" u.ä.

3. Das **Präsens historicum** steht bei lebhafter Erzählung vergangener Handlungen statt des Perfekt historicum. Übersetzung: Präteritum.

XXV LECTIO VICESIMA QUINTA

§ 62 Deklinationstabelle: Gemischte Deklination

	Singular	Plural	Singular	Plural
Nom.	cīvi- s	cīv -ēs	urb - s	urb -ēs
Gen.	cīvi- s	cīvi-um	urbi- s	urbi-um
Dat.	cīvī	cīvi-bus	urbī	urbi-bus
Akk.	cīv -em	cīv -ēs	urb -em	urb -ēs
Abl.	cīv -e	cīvi-bus	urb -e	urbi-bus

1. Als **gemischte Deklination** fassen wir zusammen
   a) die meisten Wörter, die im Nom.Sg. auf -is oder -ēs enden, soweit sie im Nom. und Gen.Sg. die gleiche Silbenzahl aufweisen (z.B.: cīvis – cīvis, s.o.!; ferner: clādēs – clādis; aber nicht: mīles – mīlitis!),
   b) Wörter, deren Wortstock auf mehr als einen Konsonanten endet (**urb**-e).
2. In beiden Wortgruppen endet der **Stamm** eigentlich **auf -i**; sie gehören also ursprünglich zur i-Deklination (§ 58), wie wir am Gen.Pl. –ium erkennen. Einige Kasus haben sich jedoch an die konsonantische Deklination angeglichen (§ 17). Deswegen nennen wir dies die **gemischte Deklination**.

XXVI LECTIO VICESIMA SEXTA

§ 63 Wir vergleichen:

1.a) Alexander dīxit: — Alexander sagte:

„Graecī mē ducem creāvērunt." — „Die Griechen haben mich zum Führer gewählt."

Nom Akk P P

b) Rōmānī Cicerōnem cōnsulem creāvērunt. — Die Römer wählten Cicero zum Konsul.

Wie wir sehen, stehen „cōnsulem" und „ducem" **prädikativ**; sie beziehen sich jeweils auf das Objekt im Akkusativ und auf das Prädikat (§ 44.3).

2. Alexander dīxit: — Alexander sagte:

„Ā Graecīs ego dux creātus sum." — „Von den Griechen bin ich zum Führer gewählt worden."

Abl Nom P P

Verglichen mit Satz 1.a) macht Alexander die gleiche Aussage, aber in einer anderen Form: Dort ist er Objekt (**mē**), hier Subjekt (**ego**). Dieser Unterschied ist auch am Prädikativum erkennbar: „dux" steht hier wie sein Beziehungswort im Nominativ (KNG-Kongruenz zum Subjekt ego).

In der Übersetzung schließen wir ein **prädikativ gebrauchtes Substantiv** häufig mit „zum", „als" oder „für" an.

§ 64 1. Frūstrā iīs Persae sē obiēcērunt. — Vergebens warfen die Perser **sich** ihnen entgegen.

2. Alexander memoriam **suī sibi** apud posterōs parāvit. — Alexander schuf **sich** eine Erinnerung (**seiner** =) an **sich** bei den Nachfahren.

Das Pronomen der 3. Person, das sich **auf das Subjekt** des Satzes **rückbezieht**, heißt **Reflexivpronomen** (reflectere – rückbeziehen). Im Lateinischen und im Deutschen gibt es jeweils nur **ein** Reflexivpronomen für Singular und Plural aller drei Genera. Im Deutschen haben außerdem Dativ und Akkusativ dieselbe Form „**sich**".

Beachte: In den Übersetzungen unserer Beispielsätze erscheint „sich" mehrfach: In Satz 1 ist es Akkusativ; in Satz 2 ist das erste „sich" Dativ, das zweite „sich" ist Akkusativ. In Satz 1 ist „sich" auf den Plural bezogen, in Satz 2 auf den Singular.

Im Lateinischen haben Akkusativ und Ablativ dieselbe Form.

	Singular **und** Plural, m. **und** f. **und** n.
Gen.	suī
Dat.	sibi
Akk.	sē
Abl.	sē (ā sē; sēcum statt cum sē)

Reflexivpronomina für die 1. und 2. Person gibt es im Lateinischen und im Deutschen nicht.

3.	Daedalus arte **suā** sē līberāvit.	Daedalus hat sich durch seine (**eigene**) (Kunst =) Geschicklichkeit befreit.

Ebenso wie das Reflexivpronomen wird auch das **Possessivpronomen „suus, sua, suum" nur reflexiv** gebraucht (§ 18 B 2).

4.a)	**Ariovistus** dīxit **sē** prius in Galliam vēnisse quam Caesarem.	**Ariovist** sagte, **er** sei früher nach Gallien gekommen als Caesar.
b)	Caesar **eum** in Galliā manēre nōlēbat.	Caesar wollte nicht, daß **er** in Gallien blieb.
c)	**Gallī** exīstimābant **eum sē** subicere velle.	**Die Gallier** glaubten, **er** wolle **sie** unterwerfen.

Die deutsche Übersetzung der Pronomina „sē" und „eum" in den Sätzen a) und b) zeigt keinen Unterschied. Im Deutschen läßt also „er" allein nicht klar erkennen, wer jeweils gemeint ist. Im Lateinischen dagegen ist die Beziehung meist eindeutig: **Das Reflexivpronomen ist Stellvertreter für das Subjekt.** Dabei denken wir daran, daß ein aci im Lateinischen nicht Gliedsatz, sondern Satzglied desjenigen Satzes ist, in dem der Nominativ Subjekt ist (In Satz 4.a bezieht sich „sē" deshalb auf „Ariovistus").

Im aci ist der Akkusativ Subjekt, und auch auf dieses Subjekt kann sich ein Reflexivpronomen im aci beziehen. Man kann den Satz 4.c) also auch wie folgt lesen:

4.d)	Gallī exīstimābant **eum sē** subicere velle.	Die Gallier glaubten, **er** wolle **sich** unterwerfen.

Die Beziehung des Reflexivpronomens ist also nicht immer eindeutig, weil die Römer Nom und Akk kennen. Hier entscheidet allein der Sinn des Satzes im Kontext.

Die Formen des Personalpronomens der 3. Person „is, ea, id" zeigen eindeutig, daß **nicht** das **Subjekt des Satzes gemeint** ist; sie sind **nicht reflexiv**, sie sind nicht Stellvertreter für das Subjekt desselben Satzes (vgl. Satz 4.b): „eum" ist Stellvertreter für eine Person, von der in einem voraufgegangenen Satz die Rede war; hier ist es Ariovist, von dem in Satz 4.a gesprochen wurde.

5. **Formenübersicht der Personalpronomina:**

Singular		**1. Person**	**Plural**	
ego	ich	Nom.	nōs	wir
meī	meiner	Gen.	nostrī	unser (gen. obi.)
			nostrum	von uns (gen. part.)
mihi	mir	Dat.	nōbīs	uns
mē	mich	Akk.	nōs	uns
ā mē	von mir	Abl.	ā nōbīs	von uns
mēcum	mit mir		nōbīscum	mit uns
		2. Person		
tū	du	Nom.	vōs	ihr
tuī	deiner	Gen.	vestrī	euer (gen. obi.)
			vestrum	von euch (gen. part.)
tibi	dir	Dat.	vōbīs	euch
tē	dich	Akk.	vōs	euch
ā tē	von dir	Abl.	ā vōbīs	von euch
tēcum	mit dir		vōbīscum	mit euch
		3. Person, nicht reflexiv		
(is	er	Nom.	iī [eī]	
(ea	sie		eae	sie)
(id	es		ea	
eius	seiner, ihrer	Gen.	eōrum	
			eārum	ihrer
			eōrum	
usw. (§ 60.5)				
		3. Person, reflexiv		
Singular und Plural			**im aci** auch:	
suī	seiner; ihrer	Gen.	seiner, ihrer; ihrer	
sibi	sich	Dat.	ihm, ihr; ihnen	
sē	sich	Akk.	a) ihn, sie, es; sie	
			b) er, sie, es; sie (als Subjekt des aci)	
ā sē	von sich	Abl.	von ihm, ihr; von ihnen	
sēcum	mit sich		mit ihm, ihr; mit ihnen	

Das **Reflexivpronomen** bezieht sich auf das Subjekt; Reflexivpronomina im aci beziehen sich entweder auf Nom oder auf Akk.

LECTIO VICESIMA SEPTIMA

§ 65 A

1. Eōdem tempore, quō Cicerō coniūrātiōnem dētēxit, in urbe Rōmā vīvēbant M. Catō et C. Caesar. — Zu der**selben** Zeit, (in der =) als Cicero die Verschwörung aufdeckte, lebten in Rom M. Cato und G. Caesar.

Eōdem ist neben tempore Abl.Sg.n. zu **īdem – derselbe.** Die Formen dieses Pronomens sind ähnlich zusammengesetzt wie im Deutschen:

der-selbe : ī-dem (aus: is-dem)
die-selbe : ea-dem usw.

Im Lateinischen wird nur der erste Bestandteil dekliniert, das -dem ist unveränderlich.

Dieses Demonstrativpronomen weist darauf hin, daß mindestens zwei Dinge zusammentreffen, z.B. zwei Ereignisse in dieselbe Zeit fallen. Man spricht daher auch von einem **Demonstrativpronomen der Identität.**

2.a) **Hī** virī cīvēs Rōmānī sunt. — **Diese** Männer **vor mir** (oder fast: unter meinem Schutz) sind römische Bürger.

b) **Ista** verba timōrem mihi afferunt. — **Diese deine** (oder schärfer: deine üblen) Worte machen mir Angst.

c) Ūnā cum **illō** Catilīnā cōnsilium malum iniērunt. — Zusammen mit **jenem** (gemeint ist: dem bereits aus Rom entfernten) Catilina haben sie einen üblen Plan gefaßt.

d) Haec inveniuntur in **illō** librō C. Sallustiī. — Dies findet man in **(jenem =) dem bekannten** Buch des G. Sallust.

Die **Demonstrativpronomina hic – iste – ille** lassen deutlich erkennen, von wem gesprochen bzw. geschrieben wird:

a) „**hic**" weist hin auf alles, was dem **Sprecher** besonders nahe liegt, bei einer Gegenüberstellung z.B. auf das zuletzt Genannte. Man kann daher von einem **Demonstrativpronomen der 1. Person** sprechen.
b) „**iste**" weist auf das hin, was den **Angesprochenen** (be)trifft; man kann daher iste als **Demonstrativpronomen der 2. Person** bezeichnen.
c) „**ille**" weist hin auf das, was bereits ferner liegt; was früher gesagt ist; was bei dem liegt, was **besprochen** oder beschrieben wird; was bekannt ist. Daher kann man ille das **Demonstrativpronomen der 3. Person** nennen.

3. Tū **ipse**, Caesar, hoc **ipsum** malum augēs. — Du **selbst**, Caesar, vergrößerst **gerade** dieses Unheil.

Ipse ist das **Demonstrativpronomen der nachdrücklichen Betonung.** Im Lateinischen ist die KNG-Kongruenz zu beachten, im Deutschen ist „selbst" unveränderlich. Weitere Übersetzungsmöglichkeiten: persönlich, genau, unmittelbar.

B **Hī** sunt iīdem Nerviī, quibuscum Germānī saepe contendēbant.

[Nom] K̰ [A] [Nom]

Dies sind dieselben Nervier, mit denen die Germanen oft kämpften.

Wenn ein **Pronomen Subjekt** eines Satzes ist, dessen Prädikat aus [Nom] und K̰ besteht, dann steht das Pronomen in **KNG-Kongruenz zum Prädikatsnomen.** Bei der Übersetzung verwenden wir im Deutschen den Singular des Pronomens im Neutrum (hier: hī → dies).

C Formenübersicht der Demonstrativpronomina:

	Singular			Plural		
Nom.	**hic**	**haec**	**hoc**	**hī**	**hae**	**haec**
Gen.		huius		hōrum	hārum	hōrum
Dat.		huic			hīs	
Akk.	hunc	hanc	hoc	hōs	hās	haec
Abl.	hōc	hāc	hōc		hīs	
Nom.	**iste**	**ista**	**istud**	**istī**	**istae**	**ista**
Gen.		istīus		istōrum	istārum	istōrum
Dat.		istī			istīs	
Akk.	istum	istam	istud	istōs	istās	ista
Abl.	istō	istā	istō		istīs	
Nom.	**ille**	**illa**	**illud**	**illī**	**illae**	**illa**
Gen.		illīus		illōrum	illārum	illōrum
Dat.		illī			illīs	
Akk.	illum	illam	illud	illōs	illās	illa
Abl.	illō	illā	illō		illīs	
Nom.	**ipse**	**ipsa**	**ipsum**	**ipsī**	**ipsae**	**ipsa**
Gen.		ipsīus		ipsōrum	ipsārum	ipsōrum
Dat		ipsī			ipsīs	
Akk.	ipsum	ipsam	ipsum	ipsōs	ipsās	ipsa
Abl.	ipsō	ipsā	ipsō		ipsīs	
Nom.	**īdem**	**eadem**	**idem**	**īdem**[1])	**eaedem**	**eadem**
Gen.		eiusdem		eōrundem	eārundem	eōrundem
Dat.		eīdem			īsdem[2])	
Akk.	eundem	eandem	idem	eōsdem	eāsdem	eadem
Abl.	eōdem	eādem	eōdem		īsdem[2])	

[1]) statt: īdem im Nom.Pl. auch: iīdem; eīdem

[2]) statt: īsdem im Dat./Abl.Pl. auch: iīsdem; eīsdem

hic, haec, hoc – **dieser, diese, dies(es)** (bei mir)
iste, ista, istud – **dieser, diese, dies(es)** (bei dir)
ille, illa, illud – **jener, jene, jenes** (bei ihm)
ipse, ipsa, ipsum – **selbst** (im Deutschen nicht deklinierbar)
īdem, eadem, idem – **derselbe, dieselbe, dasselbe**

Wie die Kasusausgänge in der Zusammenstellung auf S. 72 erkennen lassen, bilden die Demonstrativpronomina die meisten Formen nach der o-/a-Deklination. Im Gen. und Dat.Sg. erscheinen für alle Genera die Endungen -īus bzw. -ī.

Beachte: In der Zusammenstellung sind die für alle drei Genera jeweils gleichlautenden Formen des Gen. und Dat.Sg. sowie des Dat. und Abl.Pl. nur einmal aufgeführt!

§ 66 Übersicht über die bisher bekannten Pronomina:

1. **Auf eine Person bezogen:**

		1. Pers.	**2. Pers.**	**3. Pers. nichtrefl.**	**3. Pers. reflexiv**
1. **Personal-pronomen:**	Sg. Pl.	ego nōs	tū vōs	(is, ea, id) (iī, eae, ea)	–, suī, sibi, sē, ā sē
2. **Possessiv-pronomen:**	Sg. Pl.	meus,a,um noster, nostra, um	tuus, a, um vester, vestra, um	eius eōrum, eārum	suus, a, um
3. **Demonstrativ-pronomen:**		hic, haec, hoc	iste, ista, istud	ille, illa, illud	

2. **Ohne besondere Zuordnung zu Personen:**

1. **Interrogativ-pronomen:**	a) substantivisch: quis? quid? b) adjektivisch: quī (vir)? quae (puella)? quod (oppidum)? } wie das Relativpron.
2. **Relativ-pronomen:**	quī – quae – quod (subst. und adjekt. gebraucht)
3. **Demonstrativ-pronomen:**	is, ea, id – īdem, eadem, idem – ipse, ipsa, ipsum

XXVIII LECTIO DUODETRICESIMA

§ 67

A

Quid reliquā aestāte agē**mus**?	Was **werden wir** im Rest des Sommers tun?
Ego hostēs pūni**am**.	**Ich werde** die Feinde bestrafen.
Pontem in flūmine aedificā**bō**.	**Ich werde** eine Brücke über den Fluß schlagen lassen.
Legiōnēs Rhēnum trānsī**bunt**.	Die Legionen **werden** den Rhein überschreiten.
Casās hostium dēlē**bimus**.	**Wir werden** die Hütten der Feinde zerstören.
Tū ā senātōribus laudā**beris**.	**Du wirst** von den Senatoren gelobt **werden**.
Bonō animō e**rimus**.	**Wir werden** zuversichtlich sein.

Das **Futur** bezeichnet im Indikativ Vorgänge und Sachverhalte in der **Zeitstufe Zukunft** (vgl. § 21 A).

B **Bildung des Futurs:**

Finite Formen:

1. Die **Verben** der **konsonantischen**, der **i**-Konjugation und der **gemischten Konjugation** haben als Tempuskennzeichen das Morphem **-ē-/-e-**, nur in der 1. Sg. ein **-a-** (audi-**a**-m, leg-**a**-m, capi-**a**-m, vol-**a**-m, fer-**a**-m; audi-**ē**-s, leg-**ē**-s, usw.).
2. Die **Verben** der **a-** und **e-Konjugation** sowie **īre** haben als Morphem ein **-b-**. Zwischen diesem -b- und den konsonantisch anlautenden Personalmorphemen (alle außer der 1. Sg. auf -ō bzw. -or) erscheinen die bekannten Bindevokale, nämlich: **-i-** vor -s, -t, -m; **-u-** vor -nt; **-e-** vor -r (§ 13).
3. „**esse**" bildet alle Futurformen vom Stamm es- mit **Bindevokal** vor dem Personalmorphem. Dabei ist **intervokalisches -s-** zu **-r-** geworden (Rhotazismus: es-ō > er-ō, § 33.2b).
4. Aktiv und Passiv sind auch im Futur am Personalmorphem erkennbar: laudā-b-i-**s** – laudā-b-e-**ris**.

Infinite Formen:

1. Spērāmus imperātōrem nōs laudāt**ūrum (esse).**	Wir hoffen, daß der Feldherr uns loben **wird.**
2. Lēgātī dīxērunt sē mandāta relāt**ūrōs (esse).**	Die Gesandten erklärten, sie **würden** die Aufträge überbringen.

Wir erinnern uns: Im Lateinischen bezeichnen Infinitiv und Partizip nicht die Zeitstufe, sondern das **Zeitverhältnis** zum übergeordneten finiten Verb (§§ 30; 45.6):

Inf./Part. **Präsens** : **gleichzeitig,**
Inf./Part. **Perfekt** : **vorzeitig.**

Infinitiv und Partizip Futur bezeichnen also ein Geschehen, das **nach** der Handlung des übergeordneten Verbs stattfindet:

Inf./Partizip Futur : **nachzeitig.**

Der **Inf.Fut.Akt.** ist bei allen Verben als **Mehr-Wort-Form** wie folgt gebildet: Der Stamm des PPP ist um die Silben -ūrum, -ūram, -ūrum, -ūrōs, -ūrās, -ūra erweitert zum Partizip Futur Aktiv (**PFA**); hinzu tritt gewöhnlich „esse", also z.B. **laudāt-ūrum esse**. Da „esse" häufig fehlt, haben wir es im Text eingeklammert (esse). Die Erscheinung, daß ein Wort fehlt, das man eigentlich erwartet, nennt man **Ellipse**.

C Übersetzung:

1. Sī canēs, dēlectā**bor.**	Wenn du **singst, werde** ich mich **freuen.**
2. Spērāmus imperātōrem nōs laudāt**ūrum (esse).**	Wir hoffen, daß der Feldherr uns **lobt.**

Im deutschen Gliedsatz verzichten wir oft auf die genaue Bezeichnung der Zukunft, wenn sie aus dem übergeordneten Satz eindeutig hervorgeht (hier: ich **werde** mich freuen; wir **hoffen**).

3. **Crās** pontem **aedificābō.**	**Morgen lasse** ich die Brücke bauen.

Auch im Hauptsatz genügt häufig das Präsens, wenn die Zukunft schon anders bezeichnet ist (hier: morgen).

1. **Kennzeichen des Futurs:**
    1. **Verben der konsonantischen**, der **i-Konjugation** und der **gem. Konj.** haben das Morphem **-ē/-e-**, nur in der 1. Sg. ein **-a-**.
    2. Verben der **a-/e-Konjugation** und **īre** haben als Morphem das **-b-**.
    3. Alle Verben haben im **Inf.Fut.Akt. Mehr-Wort-Formen:** laudāt-ūrum (esse), (PFA + esse).
2. Das lateinische Futur übersetzen wir häufig, im Gliedsatz immer, mit dem deutschen Präsens, wenn wir die Zeitstufe aus dem Zusammenhang erkennen.

D Formenübersicht:

Aktiv		a) laudā-**b**-ō delē-**b**-ō ī-**b**-ō	b) audi-**a**-m leg-**a**-m capi-**a**-m vol-**a**-m fer-**a**-m	c) er-ō
	1. Sg.	laudā-**b**- ō	audi-**a**-m	er- ō
	2.	laudā-**b**-i-s	audi-**ē**-s	er-i-s
	3.	laudā-**b**-i-t	audi-**e**-t	er-i-t
	1. Pl.	laudā-**b**-i-mus	audi-**ē**-mus	er-i-mus
	2.	laudā-**b**-i-tis	audi-**ē**-tis	er-i-tis
	3.	laudā-**b**-**u**-nt	audi-**e**-nt	er-**u**-nt
	Infinitiv	laudāt-ūrum esse -ūram -ūrum	audīt-ūrum esse -ūram -ūrum	fut-ūrum esse -ūram -ūrum
Passiv	1. Sg.	laudā-**b**- or	audi-**a**-r	
	2.	laudā-**b**-**e**-ris	audi-**ē**-ris	
	3.	laudā-**b**-i-tur	audi-**ē**-tur	
	1. Pl.	laudā-**b**-i-mur	audi-**ē**-mur	
	2.	laudā-**b**-i-minī	audi-**ē**-minī	
	3.	laudā-**b**-**u**-ntur	audi-**e**-ntur	

Beachte die Bedeutung der Aussprache für die Formbestimmung in der 2. Sg. Pass. der kons. Konjugation:

ageris: 1. agĕris – 2. Sg. **Präs.** Pass.
2. agēris – 2. Sg. **Fut.** Pass.

Unterscheide: monēris, monētur usw.: Präs. Pass. der e-Konjugation

agēris, agētur usw.:	Fut.Pass.der	kons. Konjugation
audiēris, audiētur usw.:	Fut.Pass.der	i-Konjugation
capíēris, capiētur usw.:	Fut.Pass.der	capiō-Gruppe

LECTIO UNDETRICESIMA

§ 68

1.a)	Haec rēs Britannōs dēlectābat.	(Diese Sache =) Das freute die Britannier.
	Quā rē Britannī **dēlectābantur.**	(Dadurch wurden die Britannier erfreut =) Hierüber **freuten sich** die Britannier.

Die meisten lateinischen Verben haben Formen im Aktiv und Passiv. Die Passivformen kann man auch reflexiv übersetzen (§ 14 C 2).

b)	Iam **laetābantur,** quod Rōmānī ad pūgnandum parāti nōn erant.	Schon **freuten sie sich,** weil die Römer nicht kampfbereit waren.
	In lītore stābant et ex āridō **proeliābantur** (= pūgnābant).	Sie standen am Strand und **kämpften** vom trockenen Lande aus.

Einige lateinische Verben weisen in ihrer Formenbildung fast ausschließlich Passivformen auf. Viele von ihnen liegen in ihrer Bedeutung in der Mitte zwischen Aktiv und Passiv; wir nennen sie **mediale Verben** (medius: in der Mitte zwischen); wir übersetzen häufig reflexiv bzw. intransitiv, laetābantur – sie wurden erfreut, sie freuten sich, sie frohlockten (§ 14 C).

Andere Verben werden trotz Passivform ebenso gebraucht wie Verben im Aktiv (hier: proeliābantur wie stābant und pūgnābant). Wir übersetzen im Aktiv.

c)	Commīlitōnēs **hortātus est.**	**Er ermahnte** die Kameraden.

Einige dieser Verben haben ein Akkusativobjekt; sie sind also transitiv.

d) **Stammformen:**

a-Konjugation:	hortor	hortātus sum	hortārī	ermahnen
e-Konjugation:	polliceor	pollicitus sum	pollicērī	versprechen
i-Konjugation:	potior	potītus sum	potīrī	sich bemächtigen, erobern
konsonantische Konjugation:	sequor	secūtus sum	sequī	folgen
gemischte Konjugation:	aggredior	aggressus sum	aggredī	angreifen

Ein Verb dieser Art bezeichnen wir als **verbum dēpōnēns** (dēpōnere – ablegen), so als ob diese **Deponentien** ihre Aktivformen abgelegt hätten.

2. Außer den üblichen Passivformen bilden die Deponentien auch folgende Formen:

a) **Imperativ Präsens:** z.B. hortāre – hortā**minī**
potīre – potī**minī**

b) **nd-Form**: z.B. pollicendī – (pollicendō) – ad pollicendum – pollicendō
sequendī – (sequendō) – ad sequendum – sequendō

c) **Inf. Fut.** z.B. aggressūrum,-am,-um esse
potītūrum, -am,-um esse

> **Deponentien** haben **überwiegend Passivformen.**

§ 69 Formenübersicht: Adjektive der i-Stämme

Für alle Geschlechter gleichlautende Formen (Gen., Dat. und Abl.Sg. und Pl.) sind in der Übersicht nur einmal aufgeführt.

1. mit 3 verschiedenen Nominativausgängen:

	Singular			Plural		
Nom.	ācer	ācris	ācre	ācrēs	ācrēs	āc**ria**
Gen.		ācris			āc**rium**	
Dat.		ācrī			ācribus	
Akk.	ācrem	ācrem	ācre	ācrēs	ācrēs	āc**ria**
Abl.		ācrī			ācribus	

2. mit 2 verschiedenen Nominativausgängen:

	Singular			Plural		
Nom.	brevis	brevis	breve	brevēs	brevēs	brev**ia**
Gen.		brevis			brev**ium**	
Dat.		brevī			brevibus	
Akk.	brevem	brevem	breve	brevēs	brevēs	brev**ia**
Abl.		brevī			brevibus	

3. mit nur 1 Nominativausgang:

	Singular			Plural		
Nom.	ingēns	ingēns	ingēns	ingentēs	ingentēs	ingent**ia**
Gen.		ingentis			ingent**ium**	
Dat.		ingentī			ingentibus	
Akk.	ingentem	ingentem	ingēns	ingentēs	ingentēs	ingent**ia**
Abl.		ingentī			ingentibus	

Mehrdeutige Formen:

brevis:	Nom.Sg.m./f.
	Gen.Sg.m./f./n.
ācrī, brevī, ingentī:	Dat. u. Abl.Sg.m./f./n.
ācrēs, brevēs, ingentēs:	Nom. u. Akk.Pl.m./f.

Beachte: Fast alle Formen für Mask. und Fem. sind gleich.
Akk. u. Nom. n. sind immer gleich.
Dat. u. Abl. stimmen bei diesen Adjektiven immer überein.
Wichtige Ausgänge dieser i-Deklination: **-ī, -ia, -ium.**

§ 70		
	1. Illa stabula ingentia Augīae rēgis fuērunt.	Jene riesigen Ställe (gehörten =) **besaß** König Augias.
	2. Augīae rēgī dīvitiae immēnsae fuērunt.	König Augias **besaß** unermeßlichen Reichtum.
	3. **In** Caesare magna auctōritās fuit.	Cäsar **besaß** großes Ansehen.

In den drei Sätzen ist vom Besitzen die Rede; Formen von „esse" bilden jeweils das Prädikat. Jedoch wird der **Besitzer** unterschiedlich bezeichnet. In Satz 1 finden wir den **gen. possessīvus**; er steht hier als **Prädikatsnomen** neben der Kopula (vgl. § 35.1: gen.poss. als Attribut). In Satz 2 bezeichnet das **Dativobjekt** den Besitzer (wörtlich: „Dem König Augias war unermeßlicher Reichtum"); die Form von „esse" ist Vollverb. In Satz 3 steht für den Besitzer eine adverbiale Bestimmung des Ortes; die Form von „esse" ist auch hier Vollverb. Eine wörtliche Übersetzung ergibt kein gutes Deutsch. Wir verwenden daher Verben wie „besitzen, haben" und machen den Besitzer zum Subjekt.

Der Lateiner macht dabei Unterschiede, die wir im allgemeinen nicht übersetzen: Neben „esse" betont der Genitiv den Besitzer, der Dativ den Besitz; in + Ablativ tritt bei dem Besitz von geistigen Eigenschaften auf.

1. Die Adjektive, die nicht zur a-/o-Deklination gehören, sind i-Stämme (Kennzeichen: -ī; -ia; -ium).
2. Gen. + esse
Dat. + esse
Abl. mit in + esse } besitzen, haben

§ 71 Übersicht: „esse" in Verbindung mit verschiedenen Kasus:

1. mit **Nominativ**:	Substantive und Adjektive als Prädikatsnomen (§§ 2; 5),
2. mit **Genitiv**:	a) gen. quālitātis als Prädikatsnomen (§ 35.2c), b) gen. possessīvus als Prädikatsnomen zur Bezeichnung des Besitzers (§ 70),
3. mit **Dativ**:	a) dat. possessīvus als Dat. Objekt zur Bezeichnung des Besitzers (§§ 15 B; 70), b) Dat. Objekt + dat. fīnālis als Prädikatsnomen zur Bezeichnung des Zweckes (§ 15 C),
4. mit **Akkusativ**:	als Prädikatsnomen im aci (§ 8.3),
5. mit **Ablativ**:	a) abl. quālitātis als Prädikatsnomen (§ 29.2), b) mit der Präposition „in" als adverbiale Bestimmung für den Besitz geistiger Eigenschaften (§ 70).

LECTIO TRICESIMA PRIMA

§ 72
A

1. Minōs ei mortem **minans** cūstōdēs **posuit**. — Minos **drohte** ihm mit dem Tode **und setzte deshalb** Wächter ein.

2. Minōs Daedalum **ōrantem** verbīs **minantibus reppulit**. — Minos **wies** D. **trotz seinen Bitten** mit **drohenden** Worten ab.

3. Daedalus verba rēgis **minantia** nōn **timuit**. — Daedalus **fürchtete** die Worte des Königs nicht, **obwohl sie (drohten =)** Drohungen enthielten.

4. Īcarō in mare **cadente** pater auxilium deōrum **implōrāvit**. — **Während** Ikarus ins Meer **stürzte, flehte** der Vater die Götter um Hilfe **an**.

Die Form „minans“ zeigt die gleichen Merkmale wie das Adjektiv „ingēns“: Der Stamm endet auf -nt-; im Nom.Sg. ist der Dental (-t-) vor der Endung (-s) ausgefallen. Es handelt sich also um eine adjektivische Form des Verbs „minārī“, d.h. um ein Partizip mit dem Morphem **-nt-**. Weil dieses Morphem an den Präsensstamm tritt (mina-nt-), nennen wir diese Form **Partizip Präsens Aktiv (PPA)**. Es wird von aktiven Verben (ōrantem) und von Deponentien (minantibus) gebildet.

Wie das PPP wird das PPA prädikativ und attributiv gebraucht. Insofern haben wir dieselben **Übersetzungsmöglichkeiten** (§§ 45; 53):

Prädikativ

als pc:	Unterordnung	(Satz 3 minantia)
	Einordnung	(Satz 2 ōrantem)
	Beiordnung	(Satz 1 minans)
im AmP:	**U – E – B**	(Satz 4 – hier mit Unterordnung übersetzt)
Attributiv:	Relativsatz	(Satz 2: ... „mit Worten, die ihn bedrohten“ ...)
	wörtlich	(Satz 2: ... „mit drohenden Worten“ ...)
		(Satz 3: ... „die drohenden Worte“ ...)

Das Satzbild zu Satz 2 verdeutlicht mit den eckigen Pfeilen noch einmal die **doppelte** Beziehung des prädikativen Partizips (ōrantem) und die **einfache** Beziehung des attributiven Partizips (minantibus).

Wichtig ist aber der Unterschied zwischen PPP und PPA im **Tempus**. Wir wissen, daß das Partizip Perfekt die Vorzeitigkeit bezeichnet (§ 45.6). Im Gegensatz dazu drückt das Partizip Präsens die **Gleichzeitigkeit** aus. Das Tempus eines Partizips drückt also ebenso wie das Tempus eines Infinitivs das Zeitverhältnis aus (§ 30). In Satz 4 z.B. bedeutet das **Präsens** des Partizips „cadente", daß der Sturz des Ikarus und das Flehen des Dädalus in derselben Zeit geschehen: die beiden Handlungen sind **gleichzeitig**. Dieses Zeitverhältnis drücken wir in der Übersetzung nach Möglichkeit durch die Konjunktion, die Präposition, das Adverb der UEB-Formel aus. Also z.B. in Satz 4:

U: Während (Indem) Ikarus stürzte, flehte Dädalus;

E: Während des Sturzes (Beim Sturz) des Ikarus flehte Dädalus;

B: Ikarus stürzte, und dabei (währenddessen) flehte Dädalus.

Die deutsche Verbform, mit der wir das PPA übersetzen, erhält also die **Zeitstufe** des finiten Verbs.

Partizip Präsens Aktiv der 5 Konjugationen:

laudāre:	laudāns, -a**nt**is	minārī	mināns, -a**nt**is
dēlēre:	dēlēns, -e**nt**is	pollicērī:	pollicēns, -e**nt**is
audīre:	audiēns, -i-e-**nt**is	potīrī:	potiēns, -i-e-**nt**is
legere:	legēns, -e-**nt**is	loquī:	loquēns, -e-**nt**is
capere:	capiēns, -i-e-**nt**is	aggredī:	aggrediēns, -i-e-**nt**is

In der **Deklination** folgt dies Part. den Adjektiven der i-Stämme mit der **Ausnahme**, daß der **Abl.Sg.** ein **kurzes -e** hat (vgl. Satz 4). Das Part. von „**īre**" ist „**iēns, euntis**" (vgl. die -nd-Form eundī § 56 B).

B	Multī hominēs **virōs volantēs** cōnspicābantur.	Viele Menschen sahen (, daß die Männer flogen; besser:) **die Männer fliegen.**

Die Übersetzung zeigt, daß das AO mit seinem prädikativen Partizip (virōs volantēs) wie ein aci übersetzt ist. Diese grammatische Erscheinung nennen wir **acp** (**accūsātīvus cum participiō**).

1. Das **Partizip Präsens Aktiv (PPA)** bezeichnet die **Gleichzeitigkeit.** **Morphem: -nt-**
2. Auch **Deponentien** bilden ein **Part.Präs. in aktiver Form.**
3. Mit **Ausnahme** des **Abl.Sg.**, der auf -e endet, wird dies Part. wie die Adjektive der i-Stämme dekliniert.
4. Ein **acp** wird wie ein aci übersetzt.

XXXII LECTIO TRICESIMA SECUNDA

§ 73

1. Iam rettulī dē vetere illā urbe.	Ich habe schon von jener alten Stadt erzählt.
2. Homērus est poēta maximus vete**rum** Graecōrum.	Homer ist der größte Dichter der alten Griechen.
3. Carmen Homērī alia veter**a** carmina pulchritūdine superat.	Homers Gedicht übertrifft andere alte Gedichte an Schönheit.

Wir sehen, daß es auch Adjektive gibt, die als rein konsonantische Stämme wie die Substantive dieser Art dekliniert werden; sie haben im **Abl.Sg. -e,** im **Gen.Pl. -um,** im **Nom./Akk.Pl. n. -a.** Zu diesen Adjektiven gehören: dīves, pauper, vetus.

> Dīves, pauper, vetus folgen der konsonantischen Deklination.

XXXIII LECTIO TRICESIMA TERTIA

§ 74

A

1. Herculēs **cautus** erat; Nom Nom K	Herkules war **vorsichtig;**
cautē specuī appropinquāvit. Adv Dat P + □	**vorsichtig** näherte er sich der Höhle.

In beiden deutschen Sätzen tritt das Wort „vorsichtig" in derselben Form neben dem Prädikat auf. Demgegenüber erscheint das entsprechende Wort in den lateinischen Sätzen in verschiedenen Formen **(cautus – cautē)**. Im ersten Teilsatz bildet **„cautus"** als Prädikatsnomen eine notwendige Ergänzung der Kopula (erat) und steht daher in **KNG-Kongruenz zum Subjekt**. Im zweiten Teilsatz wird dagegen mit der Form „cautē" **nur die Beziehung zum Verb** hergestellt. Wir bezeichnen diese Form als **Adverb.** Es ist in seiner **Form unveränderlich.** In diesem Satz bildet es eine Adv der Art und Weise. Es erläutert also nicht „Herculēs" und nicht „specuī", sondern nur „appropinquāvit".

2. Die folgende Zusammenstellung des gleichen Satzes in den drei Sprachen Latein–Deutsch–Englisch läßt die verschiedene Vorliebe für flektierte, also veränderliche Formen deutlich erkennen:

a) Herculēs erat cautus.
   Herkules war vorsichtig.
   Hercules was cautious.
   Nom K Nom

b) Cautē intrāvit specum.

Cautē	intrāvit	specum.
Vorsichtig	betrat er	die Höhle.
Cautiously	he entered	the den.
Adv	P + Nom	Akk

c) Cautus Herculēs necāvit Hydram.

Cautus	Herculēs	necāvit	Hydram.
Der vorsichtige	Herkules	tötete die	Hydra.
The cautious	Hercules	killed the	Hydra.
A	Nom	P →	Akk

Die lateinische Sprache erweitert ein Verb durch **Adverbien**, deren Form unveränderlich ist (hier: cautē, Satz b). Dagegen gibt sie die Beziehung eines Adjektivs als **Prädikatsnomen** bzw. **Attribut** mit Hilfe der **KNG-Kongruenz** (vgl. cautus, Satz a und c; Nom.Sg.m., bezogen auf Herculēs) genau an.

Das **Deutsche** verzichtet wie beim Adverb so auch für das Prädikatsnomen und das Prädikativum (vgl. § 44.2) auf eine besondere Kennzeichnung der Beziehung und **flektiert nur noch das Adjektiv als Attribut** (vgl. Satz c: der vorsichtige Herkules).

Das **Englische** hat schließlich noch eine **besondere Form für das Adverb** (Morphem -ly), flektiert aber das Adjektiv weder als Attribut noch als Prädikatsnomen.

Übersicht über **flektierte** bzw.		**unflektierte Formen:**
a) Latein:	Attribut (KNG) Prädikatsnomen und Prädikativum (KNG)	Adverb (Morphem)
b) Deutsch:	Attribut (KNG)	Adverb Prädikatsnomen und Prädikativum
c) Englisch:		Adverb (Morphem) Prädikatsnomen und Prädikativum Attribut

3. **Formenübersicht: Adverb**

a) Adjektive der **a-/o-Deklination** haben als Morphem des Adverbs ein **-ē**.

Also:	long-us,	**long-ī**	:	long-**ē**	**Merke**
	miser,	**miser-ī**	:	miser-**ē**	**besonders:** bĕnĕ; mălĕ
	pulcher,	**pulchr-ī**	:	pulchr-**ē**	

b) Die **meisten Adjektive der i-Deklination** haben als Morphem des Adverbs ein **-iter.**

Also:	celer,	**celer-is**	:	celer-**iter**
	ācer,	**ācr- is**	:	ācr- **iter**
	fortis,	**fort- is**	:	fort- **iter**
	fēlīx,	**fēlīc- is**	:	fēlīc- **iter**

c) Die **Adjektive der i-Deklination auf -nt-** haben als Morphem **-er.**

Also: prūdēns, prūdent-is : prūdent-**er**

d) Auch **Kasusmorpheme** können als Kennzeichen von Adverbien auftreten:

Akkusativ:	statim	**Ablativ:**	dēnuō
	facile		hodiē

e) Viele **Einzelformen:** diū – semper – tandem – u.a.

B	1. Subitō **Iove auctōre** ariēs vindex līberōrum appāruit.	Plötzlich erschien **auf Juppiters Veranlassung** ein Widder als Retter der Kinder.
	2. Phrixus et Hellē **novercā invītā** patriam relīquērunt.	Phrixus und Helle verließen **gegen den Willen der Stiefmutter** ihre Heimat.

Die AmP **Iove auctōre** und **novercā invītā** unterscheiden sich von der uns bisher bekannten Form (§ 52). Hier ist nämlich der zweite Bestandteil des Wortblocks **kein Partizip,** sondern ein **Substantiv** (auctōre) bzw. **Adjektiv** (invītā) im Ablativ. Daher liest man die Abkürzung **AmP** besser als „**A**blativ **m**it **P**rädikativum"; denn als Prädikativum können Partizip, Substantiv und Adjektiv auftreten. Diesen AmP übersetzen wir am besten durch ein Substantiv mit Präposition. Er heißt auch nominaler abl.abs. Er bezeichnet immer die Gleichzeitigkeit.

1. Das **Adverb** erweitert das Verb. Seine Form ist unveränderlich. Die Morpheme sind: -ē, -iter, -er.
2. Die Stelle **Prädikativum** im **AmP** kann durch **Partizip, Substantiv** oder **Adjektiv** gefüllt sein.

XXXIV LECTIO TRICESIMA QUARTA

§ 75	1. Hector **fortis** erat.	Hektor war **tapfer.**
	2. Iāsōn **fortior** erat **quam** Hector.	Jason war **tapferer als** Hektor.
	3. Omnium **fortissimus** Herculēs fuit.	**Am tapfersten von** allen war Herkules.

Adjektive können wir steigern. Wenn wir so sprechen, reden wir eigentlich von Vergleichen. In Satz 2 wird Jason nämlich mit Hektor verglichen. Das Ergebnis lautet: Jason war tapferer als Hektor. Diese Steigerungsstufe heißt **Komparativ** (comparāre – vergleichen). In Satz 3 wird Herkules mit allen anderen verglichen;

wenn wir ihre Tapferkeit vergleichen, steht Herkules über allen. Diese Steigerungsstufe heißt deshalb **Superlativ** (super – über). In Satz 1 hingegen wird nicht verglichen; der Sprecher redet von der Tapferkeit Hektors, ohne dabei an andere tapfere Männer zu denken. Diese Grundform (hier: fortis) nennen wir **Positiv** (pōnere – zugrunde legen).

Steigerungsstufen:

1. Aussage ohne Vergleich:	Grundstufe /	**Positiv**	fortis tapfer
2. Vergleich zweier Teile:	Vergleichsstufe /	**Komparativ**	fortior tapferer
3. Einer steht über allen:	Höchststufe /	**Superlativ**	fortissimus der tapferste

Als **Kennzeichen des Komparativs** dient das Morphem **-ior** (m., f.) bzw. **-ius** (n.). Der Komparativ wird nach der konsonantischen Deklination dekliniert wie „labor“ bzw. „corpus“; die **Komparative** haben also folgende **Kasusmorpheme:**

-e	im Abl.Sg.
-um	im Gen.Pl.
-a	im Nom./Akk.Pl.n.

Als **Kennzeichen des Superlativs** finden wir **-issimus, -a, -um.**
Beachte folgende Superlative:

a) pulcher**rimus**; celer**rimus** (und so alle Adjektive auf -er!)

b) facil**limus** (facilis); difficil**limus** (difficilis); simil**limus** (similis).

§ 76

1. Iāsōn **longiōre** ōtiō corruptus uxōrem perfidē dēseruit.	Weil Jason durch **zu lange** Ruhe verdorben war, verließ er treulos seine Frau.
2. Etiam Iolāus **fortissimus** fuit.	Auch Iolaus war **sehr tapfer.**

Beide Sätze enthalten Adjektive in Steigerungsstufen (longiōre bzw. fortissimus); sie weisen also auf einen Vergleich hin, sprechen aber nicht aus, womit verglichen wird. Wir können uns das aber in beiden Sätzen leicht denken. Satz 1 besagt, daß die Ruhe länger war als – üblich oder nützlich oder nötig; d.h. daß sie **ziemlich** lang oder sogar **zu** lang war. In Satz 2 können wir leicht dazudenken, daß Iolaus tapferer war als viele andere Männer; d.h. daß er **sehr** tapfer war. Weil diese Form, die aussieht wie der Superlativ, Iolaus über andere hervorhebt, heißt sie **Elativ** (efferre – hervorheben). Wir können einen Elativ auch mit einem Adjektiv übersetzen, das schon in der Grundform hervorhebt (z.B. riesengroß, haushoch, wunderschön).

§ 77 Hellē **timidior** erat **Phrixō**. (= quam Phrixus) — Helle war **ängstlicher als Phrixus.**

Neben einem Komparativ kann statt „quam" mit dem verglichenen Gegenstand der Ablativ auftreten. Diesen Ablativ nennen wir **abl. comparātiōnis.** Eigentlich steht dieser Ablativ auf die Frage „woher?"; wörtlich also: „Von Phrixus her (gesehen), war Helle ängstlicher". Der abl.comp. ist also eine Art des abl. sēparātīvus (§ 9 A 3).

§ 78 Ulixēs **prūdentius** ēgit cēterīs nautīs prius ab illō mōnstrō **miserrimē** interfectīs. — Odysseus handelte **klüger** als die übrigen Seefahrer, die vorher von jenem Ungeheuer **ganz jämmerlich** umgebracht worden waren.

Das **Adverb des Komparativs** stimmt in der Form mit dem Akk.Sg.n. des Komparativs überein.

Das **Adverb des Superlativs** und **Elativs** ist regelmäßig mit dem Morphem **-ē** gebildet.

§ 79 **Omnium fortissimus** Herculēs fuit. — **Am tapfersten von allen** war Herkules.

Der Genitiv „omnium" gibt das Ganze an, von dem „fortissimus" der Teil ist, den Herkules bildet. Wir bezeichnen diesen daher als **gen. partītīvus.** Er steht außer bei Mengenangaben (§ 35.2) auch **bei Superlativen.**

1. **Morpheme für Komparativ** bzw. **Superlativ/Elativ:**
   -ior, -ius — **-issimus, -a, -um**
2. **Übersetzung, wenn der Vergleich nicht ausgesprochen ist:**
   Komparativ: ziemlich – recht – zu + Positiv (Grundform)
   Elativ: sehr – äußerst – besonders + Positiv (Grundform) oder: hervorhebendes Adjektiv (riesengroß).
3. Das Adverb des Komparativs ist formgleich mit dem Akk.Sg.n. Das Adverb des Superlativs ist auf -ē gebildet.
4. Der **abl.comp.** kann neben einem Komparativ anstelle von „quam" stehen.
5. Der **gen.part.** steht auch **bei Superlativen.**

XXXV LECTIO TRICESIMA QUINTA

§ 80 Einige Verben der lateinischen Sprache haben bei aktiver Bedeutung Formen teils im Aktiv, teils im Passiv. Man bezeichnet sie daher auch als (Halb- bzw.) **Semideponentien.**

Beachte: Auch das Part.Perf.**Passiv** dieser Verben hat **aktive** Bedeutung.

a) **Präsensstamm: Aktiv – Perfektstamm: Passiv/Deponens**

audeō	ausus sum	audēre	wagen
gaudeō	gavīsus sum	gaudēre	sich freuen
soleō	solitus sum	solēre	pflegen, gewohnt sein
cōnfīdō	cōnfīsus sum	cōnfīdere	vertrauen

b) **Präsensstamm: Passiv/Deponens – Perfektstamm: Aktiv**

revertor	revertī (-istī)	revertī	zurückkehren

§ 81 1. Hoc **fierī** nōn licet. — Dies darf nicht **geschehen.**

2. **Fīent** īnsidiae. — (Es **wird** eine Falle **gemacht werden**)
Man wird eine Falle **stellen.**

Fierī wird neben seiner eigentlichen Bedeutung **„werden, geschehen"** auch als **Passiv zu „facere"** gebraucht. Bis auf den Infinitiv (fierī) weist das Verb **nur aktive und nur die vom Präsensstamm (fī-) gebildeten Formen** auf. Im **Perfekt**stamm werden Zusammensetzungen mit dem Part. **„factus, -a, -um"** verwendet.

Formenübersicht:

Präs.	fī-ō	**Impf.**	fī-ēba-m	**Fut.**	fī-a-m
	fī-s		fī-ēbā-s		fī-ē-s
	usw.		usw.		usw.
	fī-u-nt		fī-ēba-nt		fī-e-nt
Inf.	fierī				

1. **Semideponentien** haben teils aktive, teils passive Formen.
2. **Fierī** (werden) hat nur aktive Formen des Präsensstammes und dient auch als Passiv zu „facere".

TEIL II

I LECTIO PRIMA

§ 82

A

Undique prīncipēs **conveniēbant.**	Von allen Seiten **kamen** die Fürsten **zusammen.**
Ad bellum **vocātī erant**, quod Paris Helenam **rapuerat.**	Sie **waren** (nämlich) zum Kriege **aufgerufen worden**, weil Paris Helena **geraubt hatte.**

Die lateinische Sprache kennt ebenso wie die deutsche neben dem Imperfekt und dem Perfekt ein weiteres Tempus der Vergangenheit, das **Plusquamperfekt.**

Imperfekt und **Perfekt** bezeichnen die **Zeitstufe** Vergangenheit bzw. die **Art der Handlung**; dagegen bezeichnet das **Plusquamperfekt** vor allem das **Zeitverhältnis.** Der Name dieses Tempus besagt: mehr als das Perfekt, d.h. noch weiter zurück in die Vergangenheit; so betont das Plusquamperfekt **(Plpf.)**, daß dieses Geschehen noch **vor** einem vergangenen Geschehen lag. Wir bezeichnen ein Zeitverhältnis dieser Art als **Vorzeitigkeit.**

Für unser Beispiel ergibt sich folgendes Bild (vgl. § 21 A):

1. rapuerat
ist vorzeitig zu: 2. vocātī erant
ist vorzeitig zu: 3. conveniēbant

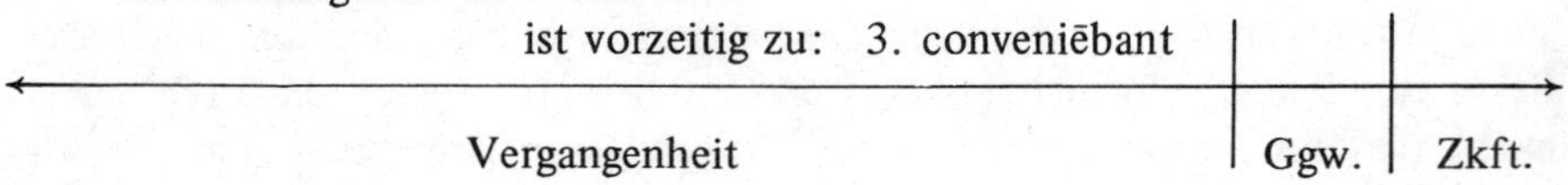

B Die **Formen des Plpf.** erkennen wir daran, daß die Formen des Imperfekts von esse (eram, erās, usw.) zum Perfektaktivstamm bzw. zum Part.Perf. hinzutreten. Im **Aktiv** entstehen dabei – im Gegensatz zum Deutschen – **Ein-Wort-Formen:**

hier:	rapu-erat	:	er hatte geraubt
vgl. dazu:	laudāv-eram		mīs-erāmus
	monu-erās		cecīd-erātis
	audīv-erat		**fu**-erant

Im **Passiv** bietet auch die lateinische Sprache **Mehr-Wort-Formen:**

hier:	vocātī erant	:	sie waren aufgerufen worden
vgl. dazu:	laudātus,-a,-um eram		missī,-ae,-a erāmus
	monitus,-a,-um erās		caesī,-ae,-a erātis
	audītus,-a,-um erat		raptī,-ae,-a erant

C

Agamemnō, **postquam** Aulidem **vēnit,** haec ferē dīxit ...	**(Nachdem) Als** Agamemnon nach Aulis **gekommen war** (oder: **kam**), sagte er etwa folgendes ...
Hostēs, **ubi prīmum** equitēs **cōnspēxērunt**, impetum fēcērunt.	**Sobald** die Feinde die Reiter **gesehen hatten** (oder: **sahen**), griffen sie an.

In Gliedsätzen nach **postquam** (nachdem), **ubi prīmum** (sobald) und ähnlichen Wörtern betont der Lateiner mit dem **Perfekt** die **Art des Geschehens**, nämlich die **einmalige Handlung in der Vergangenheit**. Der Deutsche betont dagegen das **Zeitverhältnis**, nämlich die **Vorzeitigkeit**, und wählt daher das Plusquamperfekt, wenn das Satzgefüge in der Zeitstufe Vergangenheit steht; er wählt aber das Perfekt, wenn das Satzgefüge in der Zeitstufe Gegenwart steht, z.B.: „**Sobald/ Nachdem** der Unterricht beendet ist, gehen die Schüler nach Haus."

In einer historischen Erzählung kann im Deutschen die Betonung der Vorzeitigkeit entfallen (s.o. die Übersetzungen in Klammern).

§ 83

A

Agamemnō: „Sī ventī secundī **coortī erunt**, statim in Asiam **nāvigābimus**.	Agamemnon sagte: „Wenn günstige Winde **aufkommen (aufgekommen sind), werden** wir sofort nach Asien **segeln**.
Omnia, quae sacerdōtēs **iusserint**, libenter **faciam**."	Alles, was die Priester **befehlen, werde** ich gern **tun**."

Auch in der Zeitstufe **Zukunft** bezeichnet der Lateiner das Zeitverhältnis genau, in diesem Falle die **Vorzeitigkeit**. In unserem Beispiel: Der zukünftige Befehl der Priester wird **vor** der zukünftigen Ausführung durch Agamemnon liegen:

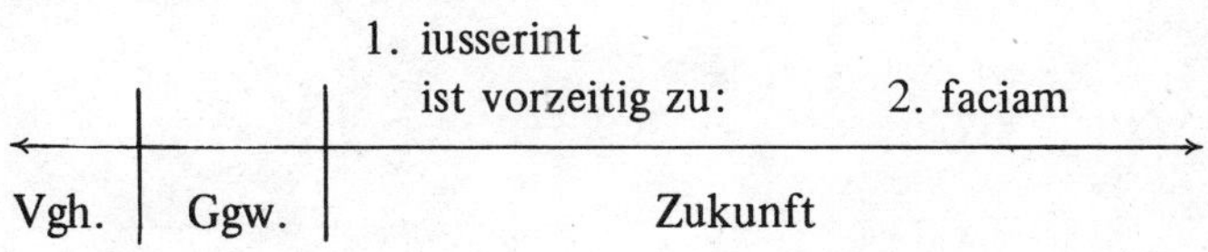

Im Lateinischen gibt es dafür ein weiteres „tempus futūrum", das wir „futūrum perfectum" oder **Futur II** nennen. Dieser Name besagt, daß die Handlung des Fut.II in der Zukunft abgeschlossen (= perfekt) sein wird, bevor die ebenfalls in der Zukunft liegende Handlung des Fut.I beginnt.

Im Deutschen vermeiden wir die genaue Bezeichnung der Vorzeitigkeit in der Zukunft und übersetzen das Fut.II im GS meist mit Präsens oder Perfekt.

B Die **Formen des Fut.II** erkennen wir daran, daß die Futurformen von esse (erō, eris usw.) zum Perfektaktivstamm bzw. zum PPP hinzutreten.

Im **Aktiv** entstehen dabei – im Gegensatz zum Deutschen – **Ein-Wort-Formen**:

Sg.	iuss-erō	**Pl.**	iuss-erimus	
	iuss-eris		iuss-eritis	
	iuss-erit		iuss-erint	(beachte das **-i-**!)

Im **Passiv** hat auch die lateinische Sprache **Mehr-Wort-Formen**:

Sg.	coor**tus,-a,-um** erō	**Pl.**	coor**tī,-ae,-a** erimus	
	coor**tus,-a,-um** eris		coor**tī,-ae,-a** eritis	
	coor**tus,-a,-um** erit		coor**tī,-ae,-a** erunt	(beachte das **-u-**!)

C 1. Sī nihil **erit** dūrius, nūllō cum perīculō ad proximam legiōnem **perveniēmus.**	Wenn nichts Besonderes **eintritt, werden wir** ohne jede Gefahr zur nächsten Legion **gelangen.**
2. Caesar in fīnēs Trēverōrum **profectus est,** quod hī neque ad concilia **veniēbant** neque imperiō **pārēbant.**	Caesar **brach** in das Gebiet der Treverer **auf,** weil diese nicht zu den Versammlungen **kamen** und auch seine Anordnungen nicht **befolgten.**

In Satz 1 steht im HS (perveniēmus) und im GS (erit) das gleiche Tempus (Futur I), d.h. beide Ereignisse verlaufen in der Zukunft nebeneinander, also **gleichzeitig.** Aus diesem Grunde steht im GS nicht das Futur II. Auch in Satz 2 ist die Handlung im GS (neque veniēbant neque pārēbant) offensichtlich nicht zum Abschluß gekommen, sondern verläuft **gleichzeitig** mit der Handlung im HS (profectus est). Daher steht in diesem GS nicht das Plusquamperfekt, sondern das Imperfekt.

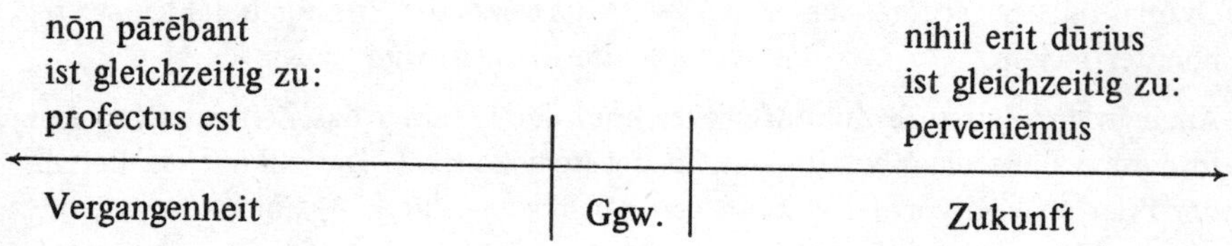

1. Zeitverhältnis

Steht im HS	so steht im GS	
	bei Gleichzeitigkeit	**bei Vorzeitigkeit**
Präsens	Präsens	Perfekt
Imperfekt/Perfekt	Imperfekt/Perfekt	Plusquamperfekt
Futur I	Futur I	Futur II (fut.perf.)

2. **Formenbildung** von **Plpf.** und **Fut. II** (Tempora der Vorzeitigkeit)

a) **Aktiv:** **Ein-Wort-Formen** (s. § 140):
Plpf.: Perfektaktivstamm + Impf. von esse (-eram, -erās ...)
Fut. II: Perfektaktivst. + Fut. von esse (-erō, -eris .., aber 3.Pl.: -erint)

b) **Passiv:** **Mehr-Wort-Formen** (s. § 140):
Plpf.: PPP + Impf. von esse (eram, erās ...)
Fut. II: PPP + Fut. von esse (erō, eris .., aber 3. Pl.: -erunt)

LECTIO SECUNDA

§ 84 Zum deutschen Konjunktiv

A Im Deutschen und im Lateinischen gibt es Verbformen, die in beiden Sprachen Konjunktiv heißen, obwohl sie meist verschiedene Funktionen erfüllen. Nicht jeder lateinische Konjunktiv führt in der Übersetzung zu einem deutschen Konjunktiv, und ein deutscher Konjunktiv erscheint in der Übersetzung häufig dort, wo im Lateinischen kein Konjunktiv steht.

B **Die Formen des Konjunktivs**

Im Deutschen können alle Tempora den Konjunktiv bilden. Dabei unterscheiden wir zwei Gruppen (als Beispiel wählen wir die 3. Person Singular):

Konjunktiv I (mit Präsensformen gebildet)

	Präsens	Perfekt	Futur I	Futur II
er	sei	sei gewesen	werde sein	werde gewesen sein
er	habe	habe gehabt	werde haben	werde gehabt haben
er	bringe	habe gebracht	werde bringen	werde gebracht haben
er	werde gelobt	sei gelobt worden	werde gelobt werden	werde gelobt worden sein

Konjunktiv II (mit Präteritumformen gebildet)

	Präteritum	Plusquamperfekt	Konditionalis I	Konditionalis II
er	wäre	wäre gewesen	würde sein	würde gewesen sein
er	hätte	hätte gehabt	würde haben	würde gehabt haben
er	brächte	hätte gebracht	würde bringen	würde gebracht haben
er	würde gelobt	wäre gelobt worden	würde gelobt werden	würde gelobt worden sein

Statt „Kondit.I und II" sagt man auch „Konjunktiv II des Fut.I und II".

C **Die Funktion des Konjunktivs I**

Jason sagte: „Medea ist ein schönes Mädchen."

Dieser Text enthält 2 Aussagen – die eine über Jason, die andere über Medea. Wir können ihn so umformen:

Jason sagte, Medea **sei** ein schönes Mädchen.

Hier fehlen der Doppelpunkt und die Anführungsstriche; vor allem tritt statt des Indikativs „ist" der Konjunktiv „sei" auf. Er zeigt an, daß nicht der Verfasser des Textes sich über Medeas Schönheit äußert (da hieße es ja: Medea **war** ein schönes Mädchen), sondern Jason, also eine Person des Textes. Der Satz „Medea sei ein schönes Mädchen" ist für sich allein nicht verständlich; wir nennen ihn deswegen **abhängige Aussage** oder **indirekte Rede**. Den Satz „Jason sagte" nennen wir **unabhängige Aussage**; sie steht im Indikativ. Die abhängige Aussage erkennen wir am **Konjunktiv**.

Der Konjunktiv I bezeichnet abhängige Aussagen (indirekte Reden).

D Das Tempus des Konjunktivs I

Jason berichtete seinen Gefährten, Medea **sei** ein schönes Mädchen; sie **habe** heimlich mit ihm **gesprochen**; sie **werde** ihm **helfen**.

Dieser Text spielt in der **Vergangenheit**; wir erkennen diese **Zeitstufe** an dem finiten Verb der unabhängigen Aussage „Jason berichtete". Daran ändern die abhängigen Aussagen nichts. In ihnen finden wir 3 Konjunktive, die in verschiedenen Tempora stehen. Das Tempus des Konjunktivs läßt uns das **Zeitverhältnis** erkennen:

... sei ... (Konj.Präsens): In derselben Zeit, in der Jason berichtete, war Medea schön – der Konjunktiv **Präsens** bezeichnet die **Gleichzeitigkeit (GZ)**.

... habe gesprochen ... (Konj.Perfekt): Das Gespräch zwischen Jason und Medea lag **vor** der Zeit, in der Jason berichtete – der Konjunktiv **Perfekt** bezeichnet die **Vorzeitigkeit (VZ)**.

... werde helfen ... (Konj.Futur): Die versprochene Hilfe leistete Medea **nach** der Zeit, in der Jason seinen Gefährten davon berichtete – der Konjunktiv **Futur** bezeichnet die **Nachzeitigkeit (NZ)**.

Wir können leicht überprüfen, daß diese Konjunktive **nichts** mit der **Zeitstufe** des Textes zu tun haben. Sie bleiben nämlich unverändert, wenn wir das Tempus des übergeordneten finiten Verbs ändern:

Vielleicht erzählt lange Jahre nach der Fahrt ein Argonaut seinen Enkeln von dieser Fahrt und stellt alles lebhaft als **Gegenwart** dar:

Da **berichtet** Jason uns begeistert, Medea **sei** ein schönes Mädchen; sie **habe** heimlich mit ihm **gesprochen**; sie **werde** ihm **helfen**.

Oder die Göttin Venus (die überhaupt erst dafür gesorgt hat, daß Medea sich in Jason verliebte) schildert ihrem Sohn Amor die kommende **Zukunft**:

Jason **wird** seinen Gefährten **berichten**, Medea **sei** ein schönes Mädchen; sie **habe** heimlich mit ihm **gesprochen**; sie **werde** ihm **helfen**.

So sehen wir, daß die **Zeitstufe** des Textes immer vom finiten Verb der unabhängigen Aussage bestimmt wird und die Konjunktive der abhängigen Aussagen nur das **Zeitverhältnis** zum übergeordneten Verb bezeichnen.

> Das Tempus eines Konjunktivs I bezeichnet das Zeitverhältnis seiner Handlung zur Handlung des übergeordneten Verbs – nämlich
>
> | | | |
> |---|---|---|
> | das Präsens | die Gleichzeitigkeit | (GZ) |
> | das Perfekt | die Vorzeitigkeit | (VZ) |
> | das Futur | die Nachzeitigkeit | (NZ). |

E Die Funktion des Konjunktivs II

Wenn Aeetes Jason **einholte, nähme** er ihn gefangen.
Wenn Aeetes Jason **eingeholt hätte, hätte** er ihn gefangen**genommen.**

In beiden Sätzen bezeichnet der Konjunktiv II etwas, was bloß gedacht ist. Denn wir wissen ja, daß Aeetes Jason **nicht** einholte und Jason **nicht** gefangengenommen wurde. Das können wir auch an beiden Sätzen ablesen, obwohl in ihnen von den Handlungen „einholen" und „gefangennehmen" **ohne** Verneinung die Rede ist: Wir erkennen das eindeutig am Konjunktiv. Der Verfasser stellt sich die Ereignisse so vor, wie sie **in Wirklichkeit nicht** geschehen sind. Daß seine Annahmen die Wirklichkeit nicht treffen, drückt er mit dem Konjunktiv aus. Wir bezeichnen den Inhalt dieser Sätze als **irreal** (nicht wirklich) und nennen diesen Konjunktiv **Irrealis.**

Der Irrealis tritt auch in Sätzen auf, in denen man sich etwas wünscht, obwohl man weiß, daß der Wunsch nicht erfüllbar ist.

Nähme Aeetes doch die Argonauten gefangen!
Wenn Aeetes doch die Argonauten gefangen**genommen hätte!**

> Der Konjunktiv II bezeichnet
> in Aussagesätzen den Irrealis,
> in Wunschsätzen den unerfüllbar gedachten Wunsch.

F Das Tempus des Konjunktivs II

Wenn Aeetes Jason **einholte, nähme** er ihn gefangen. (Präteritum)

Diesen Satz spricht vielleicht Venus, während sie der Verfolgungsjagd über das Schwarze Meer zuschaut. Der Satz betrifft die **Gegenwart** des Sprechers, das erkennt man am Tempus **Präteritum.** Ebenso kann jemand – ein Jason feindlicher Gott – dies als Wunsch äußern; er meint dann ebenfalls die **Gegenwart:**

Wenn doch Aeetes Jason **einholte! Nähme** er ihn doch gefangen!

Den folgenden Satz finden wir vielleicht in der Erzählung des alten Argonauten, der seinen Enkeln aus seiner **Vergangenheit** berichtet:

Wenn Aeetes uns **eingeholt hätte, hätte** er uns gefangen**genommen** (Plpf.).

Daß dieser Satz die Vergangenheit betrifft, erkennen wir am Tempus **Plusquamperfekt.** Der entsprechende, die Vergangenheit betreffende Wunsch lautet:

Hätte Aeetes doch die Argonauten **eingeholt** und gefangen**genommen!**

> Im Konjunktiv II bezeichnet
>
> das Präteritum den Irrealis der Gegenwart bzw.
den unerfüllbar gedachten Wunsch der Gegenwart;
>
> das Plusquamperfekt den Irrealis der Vergangenheit bzw.
den unerfüllbar gedachten Wunsch der Vergangenheit.

G Ersatz für den Konjunktiv II im Irrealis

Wenn Aeetes die Argonauten **einholte, würden** die Argonauten sterben.

Wenn Aeetes die Argonauten **eingeholt haben würde, würden** die Argonauten **gestorben sein.**

Man kann den Konjunktiv des Präteritums und des Plusquamperfekts durch die Formen des Konditionalis I und II ersetzen. Das geschieht oft wegen des Klangs (hier z.B. klingt „**stürben** die Argonauten" nicht so gut). Sehr oft führt dieser Ersatz aber zu schlechtem oder falschem Deutsch; das zeigt der 2. Beispielssatz. Im Wenn-Satz empfinden wir Formen des Präteritums („einholte") als Konj.II, wenn im HS ein eindeutiger Konj. II oder Ersatz dafür steht (1. Beispielsatz).

H Ersatz für den Konjunktiv I in der abhängigen Aussage

Die meisten Verba bilden nur in der 2. und 3. Person Singular eindeutige Konjunktivformen. Nicht immer läßt sich der Konjunktiv in der Form vom Indikativ unterscheiden. Als Beispiel wählen wir die 3. Person Plural:

Die Gefährten entgegneten Jason,

sie **freuen** sich über Medeas Versprechen;	Konj.Präs.
sie **haben** etwas Ähnliches **erhofft**;	Konj.Perf.
sie **werden** sich Medea dankbar **zeigen**.	Konj.Fut.

Diese Konjunktive sehen genau so aus wie die Indikative; dadurch werden die abhängigen Aussagen fast unverständlich. Um hier Klarheit zu schaffen und die abhängige Aussage durch den Konjunktiv bezeichnen zu können, ersetzt man den Konjunktiv I durch den Konjunktiv II. Also:

Die Gefährten entgegneten Jason,

sie **freuten** sich über Medeas Versprechen;	GZ
sie **hätten** etwas Ähnliches **erhofft**;	VZ
sie **würden** sich Medea dankbar **zeigen**.	NZ

Übrigens ist es zwar modern, aber ganz falsch, in einer abhängigen Aussage die GZ mit dem Konditionalis auszudrücken:

Die Argonauten sagten, sie **würden** sich **freuen**.

Das klingt nicht nur unschön, sondern ist auch mißverständlich, da man jetzt die GZ nicht mehr von der NZ unterscheiden kann.

> Wenn sich die Formen des Konjunktivs I von den Formen des Indikativs nicht unterscheiden, ersetzt man sie durch die Formen des Konj.II, selbst wenn dieser mit dem Indikativ formgleich ist (z.B.: „sie freuten sich").

§ 85
A

1. Graecī Trōiam **oppūgnāvērunt**, quod Paris Helenam **rapuerat**.	Die Griechen **griffen** Troja **an**, weil Paris Helena **entführt hatte**.
2.a Graecī Trōiam nōn **oppūgnāvissent**, nisi Helena ā Paride **rapta esset**.	Die Griechen **hätten** Troja nicht **angegriffen**, wenn Helena nicht von Paris **entführt worden wäre**.
2.b Nisi opera Homērī **legerēmus**, fortūna Helenae nōbīs nōta nōn **esset**.	Wenn wir die Werke Homers nicht **läsen**, **wäre** uns das Schicksal Helenas nicht bekannt.
3.a **Utinam nē** Helena Paridem **secūta esset**! **Utinam** marītō fīda **fuisset**!	**Wäre** Helena **doch** dem Paris **nicht gefolgt**! **Wäre** sie **doch** ihrem Gatten treu **geblieben**!
3.b **Utinam** opera Homērī ab omnibus hominibus **legerentur**!	**Wenn doch** Homers Werke von allen Menschen **gelesen würden**!

In Satz 1 werden Ereignisse der Vergangenheit als **Tatsache** und deshalb im **Indikativ** berichtet.

Demgegenüber äußert der Verfasser in den Sätzen 2.a und 2.b bloße **Vorstellungen**, die die Wirklichkeit nicht treffen. Er redet im **Irrealis** und drückt das durch die (fettgedruckten) Verbformen aus, die wir **Konjunktiv** nennen. Dabei betrifft Satz 2.a die Vergangenheit (beide Verben zeigen den Konj.Plusquamperfekt), Satz 2.b die Gegenwart (beide Verben stehen im Konj.Imperfekt).

Auch die Sätze 3.a und 3.b enthalten Vorstellungen, nämlich Wünsche des Verfassers. Das erkennen wir an den Konjunktiven. Die meisten Wunschsätze werden zusätzlich durch „utinam" („doch, wenn doch"), verneint durch „utinam nē" eingeleitet. Die Konjunktive bezeichnen auch hier die Nichtwirklichkeit:

Wir wünschen zwar, daß Helena damals Paris nicht gefolgt wäre und daß heute alle Menschen Homer läsen; wir wissen jedoch, daß beide Wünsche unerfüllbar sind. Wir nennen diese Sätze wie im Deutschen **unerfüllbar gedachte Wünsche.**

Der Wunsch 3.a betrifft wieder die Vergangenheit, der Wunsch 3.b die Gegenwart.

Als **Modus der Vorstellung** dient im Lateinischen ebenso wie im Deutschen der **Konjunktiv.** Um ein Geschehen als nicht-wirklich, also im **Irrealis**, oder als **unerfüllbar gedachten Wunsch** auszusprechen, gebrauchen beide Sprachen den **Konjunktiv Imperfekt/Präteritum für die Gegenwart**, den **Konjunktiv Plusquamperfekt für die Vergangenheit.**

B Faustregel für die Formenbildung: Infinitiv + Personalmorphem. So auch bei folgenden Verben: essem, fuissem, possem, potuissem, ferrem, ferrer, tulissem, lātus essem, īrem, īssem, vellem, nōllem, māllem, voluissem, nōluissem, māluissem, fierem.

Formenübersicht:

Konj. Impf. Aktiv:	laudā-**re**-m laudā-**rē**-s laudā-**re**-t laudā-**rē**-mus laudā-**rē**-tis laudā-**re**-nt	**Konj. Impf. Passiv:**	laudā-**re**-r laudā-**rē**-ris laudā-**rē**-tur laudā-**rē**-mur laudā-**rē**-minī laudā-**re**-ntur
entsprechend: (vgl. § 13)	monē-**re**-m audī-**re**-m leg-e-**re**-m cap-e-**re**-m es-**se**-m		monē-**re**-r audī-**re**-r leg-e-**re**-r cap-e-**re**-r
Konj. Plpf. Aktiv:	laudāv-**isse**-m laudāv-**issē**-s laudāv-**isse**-t laudāv-**issē**-mus laudāv-**issē**-tis laudāv-**isse**-nt	**Passiv:**	laudātus,-a,-um esse-m laudātus,-a,-um essē-s laudātus,-a,-um esse-t laudātī,-ae,-a essē-mus laudātī,-ae,-a essē-tis laudātī,-ae,-a esse-nt
entsprechend: (vgl. §§ 21 E; 22 A; 31 A)	rapu-**isse**-m pepul-**isse**-m iuss-**isse**-m invēn-**isse**-m ascend-**isse**-m fu-**isse**-m		raptus,-a,-um esse-m pulsus,-a,-um esse-m iussus,-a,-um esse-m inventus,-a,-um esse-m ascēnsus,-a,-um esse-m

1. **Indikativ:**	Modus der **Wirklichkeit**		
Konjunktiv:	Modus der **Vorstellung**		
Imperativ:	Modus des **Befehls** (nur im Präs., nur 2. Person)		
2. **Arten der Vorstellung:**			
a) **Irrealis**		**Gegenwart:**	**Konjunktiv Imperfekt**
(Nicht-Wirklichkeit)		**Vergangenheit:**	**Konjunktiv Plusquamperfekt**
Verneinung: nōn			
b) **Wunsch**		**Gegenwart:**	**Konjunktiv Imperfekt**
(unerfüllbar gedacht)		**Vergangenheit:**	**Konjunktiv Plusquamperfekt**
Verneinung: nē		**Zusatzkennzeichen: utinam**	
3. **Formen:**			
Konj. Imperfekt:	**Präsensstamm + -(e)re- + Personalmorphem** (Ein-Wort-Formen im Aktiv und Passiv)		
Konj.Plpf.Aktiv:	**Perfektaktivstamm + -isse- + Personalmorphem** (Ein-Wort-Formen)		
Passiv:	**Part.Perf. + Konj.Impf. von esse (essem usw.)** (Mehr-Wort-Formen)		

III

LECTIO TERTIA

§ 86 Lāocoōn Trōiānōs hortātur: — Laokoon ermahnt die Trojaner:

A

1. „**Utinam nē** equum in arce **cōnstituātis!**	„(**Stellt doch** das Pferd nicht ...) **Hoffentlich stellt ihr** das Pferd **nicht** auf dem Burgplatz **auf!**
2. Quid **dīcam?** Quid **faciam?**	**Was soll ich sagen? Was soll ich tun?**
3. **Coniciāmus** equum in mare!	**Laßt uns (wir wollen)** das Pferd ins Meer **stürzen!**
Celeriter cōnsilium **capiātur!**“	Schnell **soll** ein Plan **gefaßt werden!**“

Daß Satz 1 einen Wunsch enthält, erkennen wir an „utinam“. Der Konjunktiv, den wir deshalb erwarten, steht hier aber nicht im Imperfekt oder Plusquamperfekt: Der Wunsch betrifft also nicht etwas Irreales, ist also nicht unerfüllbar gedacht. Der **Konjunktiv Präsens** bezeichnet den **erfüllbar gedachten Wunsch der Gegenwart**. Als Übersetzung paßt fast immer „hoffentlich + Indikativ“.

Satz 2 enthält Fragesätze, wie wir an dem Fragepronomen „quid“ erkennen. Er fragt aber nicht nach einer Tatsache (dann müßte er ja im Indikativ stehen).

Der Konjunktiv als Modus der Vorstellung zeigt hier vielmehr an, daß der Sprecher **überlegt** und als Antwort auf seine Frage eine Aufforderung erwartet. Deshalb erscheint in der Übersetzung das Hilfsverb „sollen". Dieser lateinische Konjunktiv heißt coniūnctīvus **dēlīberātīvus** (dēlīberāre – überlegen).

Die Sätze 3: Die Aufforderung, nach der man im Deliberativus fragen kann, steht entsprechend im Konjunktiv Präsens, der coniūnctīvus **adhortātīvus** heißt (adhortārī – auffordern). So eine Aufforderung kann sich an „uns" richten – d.h. an die Gruppe, zu der auch der Sprecher gehört; in der Übersetzung heißt es deshalb „wir wollen ..." oder „laßt uns ...!" Die Aufforderung kann aber auch die 3. Person betreffen; dann verwenden wir das Hilfsverb „sollen". (Die Aufforderung an die 2. Person steht im Imperativ, § 12.)

Der **Konjunktiv Präsens** bezeichnet hier als Modus der Vorstellung

1. **erfüllbar gedachte Wünsche** Verneinung: **nē**
2. **überlegende Fragen (dēlīberātīvus)** Verneinung: **nōn**
3. **Aufforderungen (adhortātīvus)** Verneinung: **nē**

Merke: **Wunschsätze** stehen im Konjunktiv

erfüllbar gedachter Wunsch der Gegenwart:
eat (Präsens) **Hoffentlich** geht er!

unerfüllbar gedachter Wunsch der Gegenwart:
īret (Imperfekt) **Wenn** er **doch** ginge / **Wenn** er **doch** gehen würde!

unerfüllbar gedachter Wunsch der Vergangenheit:
īsset (Plpf.) **Wenn** er **doch** gegangen wäre!

B Formenübersicht:

Präsens Aktiv					
laud**e**-m	mone-**a**-m	audi-**a**-m	leg-**a**-m	capi-**a**-m	s-**i**-m
laud**ē**-s	mone-**ā**-s	audi-**ā**-s	leg-**ā**-s	capi-**ā**-s	s-**ī**-s
laud**e**-t	mone-**a**-t	audi-**a**-t	leg-**a**-t	capi-**a**-t	s-**i**-t
laud**ē**-mus	mone-**ā**-mus	audi-**ā**-mus	leg-**ā**-mus	capi-**ā**-mus	s-**ī**-mus
laud**ē**-tis	mone-**ā**-tis	audi-**ā**-tis	leg-**ā**-tis	capi-**ā**-tis	s-**ī**-tis
laud**e**-nt	mone-**a**-nt	audi-**a**-nt	leg-**a**-nt	capi-**a**-nt	s-**i**-nt
Präsens Passiv					
laude-r	mone-a-r	audi-a-r	leg-**a**-r	capi-a-r	
laudē-ris	mone-ā-ris	audi-ā-ris	leg-**ā**-ris	capi-ā-ris	
laudē-tur	mone-ā-tur	audi-ā-tur	leg-**ā**-tur	capi-ā-tur	
laudē-mur	mone-ā-mur	audi-ā-mur	leg-**ā**-mur	capi-ā-mur	
laudē-minī	mone-ā-minī	audi-ā-minī	leg-**ā**-minī	capi-ā-minī	
laude-ntur	mone-a-ntur	audi-a-ntur	leg-**a**-ntur	capi-a-ntur	

Ebenso: possim, prōsim, velim, nōlim, mālim; feram, ferar, eam (īre!), fīam.

Als **Modus-Kennzeichen** des **Konjunktivs Präsens** finden wir in den meisten Konjugationen den **Vokal -a-** zwischen Präsensstamm und Personalmorphem. In der **a-Konjugation** ist das **Modus-Kennzeichen** ein **-e-** (der Stammauslaut -a- ist in dem -e- aufgegangen), bei **esse** und **velle** **-i-** (sim, velim). **Īre** bildet **eam, eās** usw.; **ferre** bildet **feram** (Aktiv) und **ferar** (Passiv).

§ 87
A

1. Postulō, **ut** dōnum Graecōrum **dēleātis.**

Ich fordere, **daß** ihr das Geschenk der Griechen **zerstört** (Ich fordere euch auf, das Geschenk der Griechen **zu zerstören).**

2. Nē dī impediant, **quīn** urbem **servēmus!**

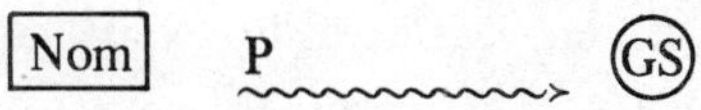

Hoffentlich verhindern die Götter nicht, **daß** wir die Stadt **retten!** (Hoffentlich hindern die Götter uns nicht, die Stadt **zu retten!)**

In beiden Sätzen antworten die GS auf die Frage „wen oder was?“: „Was fordere ich?“ – „Was verhindern die Götter hoffentlich nicht?“ Der GS ist also jeweils AO des übergeordneten finiten Verbs (postulō bzw. impediant); er ist **Objektsatz.**

3. Nōn est dubium, **quīn** hostēs **revertantur.**

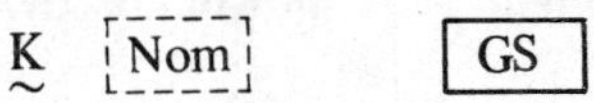

Es ist nicht zweifelhaft, **daß** die Feinde **zurückkehren.** (Ganz sicher **kehren** die Feinde **zurück.**)

Hier antwortet der GS auf die Frage: „Wer oder was ist nicht zweifelhaft?“ als Subjekt des Satzes; er ist **Subjektsatz.**

4. Quid faciam, **ut** urbs **servētur?**

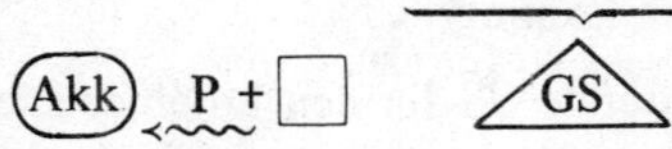

Was soll ich tun, **damit** die Stadt **gerettet wird?** Was soll ich tun, **um** die Stadt **zu retten?**

In diesem Satz ist das Subjekt im Prädikat „faciam“ enthalten, und die Stelle Akkusativ-Objekt wird durch „quid“ gefüllt. So ist der GS weder Subjekt noch Objekt, sondern erläutert als AB das Prädikat „faciam“ auf die Frage „Wozu soll ich das tun? “ In der Funktion der adverbialen Bestimmung ist ein GS **Adverbialsatz.**

B Die GS der Sätze 1 bis 4 stehen im **Konjunktiv**, dem Modus der Vorstellung – im Gegensatz zu den Subjekt-, Objekt- und Adverbialsätzen im Indikativ, die wir schon kennen (§ 49 bzw. § 26).

Den GS in Satz 1 können wir auch verstehen, wenn er unabhängig steht:

Ut dōnum Graecōrum dēleātis!	Daß ihr mir ja das Geschenk der Griechen zerstört!

Er enthält also einen Wunsch oder ein Begehren und steht deshalb im Konjunktiv (§ 86 A). Auf ein solches Begehren weist im übrigen auch das übergeordnete Verb „postulō – ich fordere" hin. Ähnlich können wir die Sätze 2 und 3 erklären (was für die Übersetzung unnötig ist), wenn wir die ursprüngliche Bedeutung „quīn? – Warum nicht?" einsetzen und die beiden GS als HS behandeln. Sie sind dann deliberative Fragen, die im Konjunktiv stehen (§ 86 A). Als Antwort darauf können wir uns nun die beiden HS denken:

Quīn urbem servēmus? Nē dī impediant!	Warum sollen wir die Stadt nicht retten? Hoffentlich verhindern die Götter das nicht!
Quīn hostēs revertantur? Nōn est dubium.	Warum sollen die Feinde nicht zurückkehren? Das ist nicht zweifelhaft.

In Satz 4 möchte Laokoon etwas tun mit dem **Ziel**, die Stadt zu retten, oder: **damit** die Stadt gerettet wird. Diese **Absicht** ist nicht Wirklichkeit geworden – tatsächlich ging Troja unter –, sondern nur eine **Vorstellung** Laokoons geblieben, die den Konjunktiv erfordert. Ein solcher adverbialer GS der Absicht bzw. des Zwecks heißt **Finalsatz** (fīnis – Ende: Wenn ein Mensch seine Absicht bzw. sein Ziel erreicht hat, hat sein Handeln ein Ende).

Merke: Im Lateinischen stehen

Objekt- und **Subjektsätze**, die einen **Wunsch** oder ein **Begehren** enthalten, und **Finalsätze (Absicht, Zweck)**	im **Konjunktiv**.

Im Deutschen verwenden wir den Indikativ oder den Infinitiv mit „zu" bzw. mit „um zu".

C Nē exspectēmus, **dum** perniciēs **adveniat!**	Laßt uns nicht abwarten, **bis** das Verderben **kommt!**

Der Konjunktiv „adveniat" zeigt, daß der **temporale GS** für den Lateiner auch eine Absicht enthält. Da „dum" ursprünglich „inzwischen" bedeutete, könnten wir also „übersetzen":

Wir wollen nicht warten, **damit inzwischen** das Verderben kommt!

Im Deutschen begnügen wir uns aber mit dem einfachen „bis es kommt" und gebrauchen auch hier den Indikativ.

Wir erinnern uns, daß dum-Sätze auch im Indikativ stehen (Stück 20 A in Teil I, Zeile 11):

Dum pater et fīlius equō feruntur, philosophus obviam vēnit.	Während / Als Vater und Sohn auf dem Pferd ritten, begegnete ihnen ein Philosoph.

Hier zeigt der Indikativ an, daß es sich um eine reine Zeitbestimmung handelt, der temporale GS also auch nicht nebenbei einen Zweck bezeichnet. (Daß die beiden reiten, ist ja wahrhaftig nicht die Absicht des Philosophen!)

Merke:	dum + Indikativ	1. solange	2. während, als
	dum + Konjunktiv	bis	

D Gliedsätze, die Wunsch (Begehren) oder Absicht ausdrücken und daher ein Prädikat im Konjunktiv haben, werden durch folgende **Konjunktionen** eingeleitet:

a) **ut** (verneint: **nē**)	**daß**	**(daß nicht)**	(s.o. A 1)
	damit	**(damit nicht)**	(s.o. A 4)

Anm.: Dieses „ut“ kann fehlen, so daß allein der Konjunktiv neben einem entsprechenden Verb auf die Art der Beziehung hinweist: hortātur, revertantur : er ermahnt sie, sie sollten zurückkommen.

b) **quīn**; **nē**	**daß**	(neben Verben, die ein Hindern und Widerstreben bezeichnen; s.o. A 2)
c) **quīn**	**daß**	(neben **verneinten Ausdrücken des Zweifelns und Hinderns**; s.o. A 3)
d) **dum**	**bis**	(s.o. C)

E

1. **Persuādent** fīnitimīs, **utī** ūnā cum iīs **proficīscantur.**	**Sie überreden** ihre Nachbarn **(dazu)**, gemeinsam mit ihnen **aufzubrechen.**
2. Quis mihi **persuādet Ambiorīgem** ad eius modī cōnsilium **dēscendisse?**	Wer **überzeugt** mich **(davon), daß Ambiorix** einen derartigen Plan **gefaßt hat?**

Die Übersetzung einiger Verben ergibt sich aus der Form der abhängigen Wortgruppe. In Satz 1 zeigt der **Konjunktiv** in der Verbindung mit utī = ut, daß es sich um eine **Absicht** handelt, die erst erreicht werden soll (noch sind die Nachbarn nicht aufgebrochen). In Satz 2 dagegen bezeichnet der **aci** eine **Tatsache**, die jemand behauptet hat (daß nämlich Ambiorix einen solchen Plan bereits gefaßt hat). Daher übersetzen wir

persuādēre mit ut + Konjunktiv	:	„(dazu) überreden, daß ... (zu)“
persuādēre mit aci	:	„(davon) überzeugen, daß ...“

Entsprechend hat z.B. „monēre“ verschiedene Bedeutungen:

Konjunktiv:	Lāocoōn **monet** Trōiānōs, **ut** equum **dēleant.**	Laokoon **ermahnt** die Trojaner, das Pferd **zu zerstören.**
aci :	Lāocoōn **monet** Trōiānōs **Graecōs** callidōs **esse.**	Laokoon **erinnert** die Trojaner (an die Tatsache), **daß die Griechen** schlau **sind.**

1. **Funktionen des Konjunktivs als Modus der Vorstellung im HS**	
a) **Irrealis**	**Konjunktiv Impf./Plpf.** (§ 85)
b) **Wunschsatz:**	
unerfüllbar gedacht	**Konjunktiv Impf./Plpf.** (§ 85)
erfüllbar gedacht	**Konjunktiv Präsens**
c) **Begehren:**	
coni. **adhortātīvus** (Aufforderung)	**Konjunktiv Präsens**
coni. **dēlīberātīvus** (Frage: „soll?")	**Konjunktiv Präsens**
2. **Funktionen des Konjunktivs als Modus der Vorstellung im GS**	
a) **Irrealis**	**Konjunktiv Impf./Plpf.**
b) **Wunsch, Begehren**	**Konjunktiv Präs./Impf.**
c) **Absicht, Zweck**	**Konjunktiv Präs./Impf.**

3. **Kennzeichen des Konjunktivs Präsens:** der **Vokal -a-** zwischen Präsensstamm und Personalmorphem, nur in der **a-Konjugation** der **Vokal -e-**, bei esse und **velle -i-**.

IV LECTIO QUARTA

§ 88

1. (Nē hostēs nōs cōnsequantur! Timeō.)	(Daß uns die Feinde nur nicht einholen! Ich habe Angst.)
Timeō, nē hostēs nōs **cōnsequantur.**	**Ich fürchte, daß** die Feinde uns **einholen.**
2. (Ut servēmur = Nē nōn servēmur! Vereor.)	(Daß wir doch gerettet werden = Daß wir nur nicht nicht gerettet werden! Ich habe Bedenken.)
Vereor, ut (= nē nōn) servēmur.	**Ich fürchte, daß wir nicht gerettet werden.**

Nach **Ausdrücken der Furcht** wird der Inhalt der Befürchtung im Lateinischen durch einen konjunktivischen **Wunschsatz** ausgedrückt und mit „nē" = „daß" bzw. „ut" oder „nē nōn" = „daß nicht" eingeleitet. Man kann sich diese Gliedsätze aus unabhängigen Wunschsätzen entstanden denken, wie sie oben in Klammern gegeben sind.

§ 89

A

1. Ex Aeneā **quaerēbant, quid facerent.**	**Sie fragten** Aeneas, **was** sie **tun sollten** (coni. dēlīberātīvus, im indirekten Fragesatz).
2. **Nōn īgnōrō, cūr** hostēs nōn **veniant.**	**Ich weiß genau, warum** die Feinde nicht **kommen** (indirekte Tatsachenfrage).
3. Germānī **nesciēbant,** cōpiāsne adversus hostem dūcere **an** castra dēfendere **praestāret.**	Die Germanen **wußten nicht, ob** es **besser sei,** die Truppen gegen den Feind zu führen **oder** das Lager zu verteidigen.

Anders als die deutsche Sprache betrachtet die lateinische den **Inhalt aller abhängigen (indirekten) Fragesätze** als bloße **Vorstellung** des Fragenden und verwendet daher in Gliedsätzen dieser Art **immer** den **Konjunktiv.**

Im Deutschen verwenden wir den Konjunktiv in indirekten Fragesätzen nur dann, wenn wir die indirekte Rede bezeichnen müssen (§ 84 C; hier: Satz 3 Konjunktiv, aber Satz 2 Indikativ).

Indirekte Fragesätze werden wie folgt eingeleitet:

a) durch Frage**pronomen** z.B. quid – was;
b) durch Frage**adverb** bzw. **-partikel:** z.B. cūr – warum; -ne – ob; num – ob etwa;
c) als **Doppelfrage** durch utrum ... an / -ne ... an / ... an } – ob ... oder

B

1. **Cum** prō castrīs ācriter pūgnātum esset, hostēs sē recēpērunt.	**Als** (nachdem) heftig vor dem Lager gekämpft worden war, zogen die Feinde sich zurück.
2. **Cum** prō castrīs ācriter pūgnātum esset, mīlitēs dēfessī erant.	**Weil (da)** heftig vor dem Lager gekämpft worden war, waren die Soldaten erschöpft.
3. **Cum** prō castrīs ācriter pūgnātum esset, **(tamen)** hostēs vincere nōn potuerant.	**Obwohl** heftig vor dem Lager gekämpft worden war, hatten sie die Feinde **(dennoch)** nicht besiegen können.
4. **Cum** prō **castrīs** ācriter pūgnātum esset, ad **flūmen** cēterī hostēs in fugam coniectī erant.	**Während** vor dem **Lager** heftig gekämpft worden war, waren am **Fluß** die übrigen Feinde in die Flucht geschlagen worden.

Gliedsätze mit der Konjunktion „cum" + Konjunktiv sind Adverbialsätze, in denen Tatsachen dargestellt werden. Der **Konjunktiv betont** in diesen Sätzen nur die **Unterordnung**; er heißt deswegen **coniūnctīvus subiūnctīvus** (subiungere – unterordnen). Das **gedankliche Verhältnis** zwischen GS und HS will der Lateiner, wenn er „cum" mit dem Konjunktiv verwendet, **nicht präzise** ausdrücken: Dieses „cum" ist vieldeutig, **prägnant**. In der **Übersetzung** sind wir zur Suche nach der treffenden Verbindung, zur **Präzision** gezwungen. Darum wurde in den Beispielen 1 bis 4 der stets gleichlautende cum-Satz verschieden übersetzt. Je nachdem, was für ein HS folgt, wurde der Inhalt des adverbialen cum-Satzes angesehen als

a) **Erzählung**	**= cum historicum**	**(als, nachdem)**
b) **Begründung**	**= cum causāle**	**(weil, da)**
c) **Einschränkung**	**= cum concessīvum**	**(obwohl)**
d) **Gegensatz**	**= cum adversātīvum**	**(während)**

Anm.: Auch im Lateinischen kann man, wenn man will, das gedankliche Verhältnis zwischen GS und HS präzise ausdrücken. Man nimmt dann indikativische Adverbialsätze, eingeleitet durch „cum/postquam/ubi" (als/nachdem/sobald), „quod" (weil) bzw. „quamquam" (obwohl) (§ 26).

C	Cum ācriter pūgnātum esset ...	Nachdem heftig gekämpft worden war ... = nachdem man heftig gekämpft hatte (§ 14 C 3) ... = nachdem sie heftig gekämpft hatten ...
	Ibi bene vīvitur.	Dort wird gut gelebt = dort lebt man gut.
	Dīvitī hominī invidētur.	Man beneidet einen reichen Mann = Ein reicher Mann wird beneidet.
	Mihi persuādētur.	Man überzeugt mich = ich werde überzeugt = ich lasse mich überzeugen.

Auch intransitive Verben (§ 3 A) haben in beiden Sprachen Passivformen. Weil bei einem solchen Passiv keine Person (oder Sache) als [Nom] auftritt, heißt es **unpersönliches Passiv**. – Die Übersetzung hängt von der Frage ab, welches Wort wir als Subjekt einsetzen. Möglichkeiten des Deutschen:

– unpersönliches Passiv	Es wurde ... gekämpft.
– Aktiv mit ergänztem Subjekt	Man lebt ...; sie kämpften ...
– persönliches Passiv	Ein reicher Mann wird beneidet; ich werde überzeugt.

Nur transitive Verben haben ein persönliches Passiv, aber die Eigenschaft transitiv/intransitiv kann bei lateinischen Verben und ihrer deutschen Übersetzung verschieden sein. „Persuādēre" z.B. steht mit dem Dativ, ist also intransitiv; das deutsche „überzeugen" dagegen hat ein (Akk) bei sich, ist also transitiv. Entsprechend finden wir im Lateinischen das unpersönliche Passiv „mihi persuādētur", im Deutschen das persönliche Passiv „ich werde überzeugt". (In § 50 ist der „umgekehrte" Fall besprochen.)

1. **Gliedsätze,** die von einem **Verbum des Fürchtens** abhängen, sind im Lateinischen **verneinte Wunsch-** bzw. **Begehrssätze** und stehen daher im Konjunktiv.

timeō, nē = ich fürchte, daß ...
timeō, ut (nē nōn) = ich fürchte, daß nicht ...

Gliedsätze, die eine Tatsache enthalten, stehen im Indikativ. **Aber**

a) **indirekte** (abhängige) **Fragesätze,**
b) **Adverbialsätze mit** der Konjunktion **„cum"** (als, weil, obwohl, während)

stehen im Lateinischen im **coniūnctīvus subiūnctīvus**, der die Unterordnung im Satzgefüge kennzeichnet.

2. Ein Passiv, neben dem keine Person (oder Sache) als Subjekt genannt ist, heißt **unpersönliches Passiv.**

V LECTIO QUINTA

§ 90 A Rēs erat in **tantō** discrīmine, **ut** Aenēās **proficīscerētur** ad petendum auxilium.

Die Lage war (in **so** großer Gefahr) **so** gefährlich, **daß** Aeneas **aufbrach,** um Hilfe zu holen.

Der Aufbruch des Aeneas ist eine **Folge** der gefährlichen Situation. Gliedsätze, die eine Folge bezeichnen, nennen wir **Konsekutivsätze** (sequī – folgen). Häufig weisen Wörter wie „ita, tam, tantus" vorbereitend auf den Konsekutivsatz hin. Da die Konsekutivsätze mit „ut" eingeleitet werden und das finite Verb im Konjunktiv steht, ähneln sie in der Form den Finalsätzen (§ 87 B). Das gilt auch für das Tempus des Konjunktivs. Jedoch werden Konsekutivsätze mit **„ut nōn"** verneint, Finalsätze hingegen mit **„nē"**.

B **Accidit, ut** mīlitēs ab sīgnīs **discēderent.**

Es ereignete sich, daß die Soldaten (von ihren Feldzeichen **weggingen**; ihre Einheiten **verließen) desertierten.**

Zu den Konsekutivsätzen rechnet man auch die ut-Sätze, die auf Ausdrücke wie „fit" und „accidit" – „es ereignet sich, daß; es passiert, daß" – oder „est" – „es ist der Fall, daß" – usw. folgen. Sie stellen jedoch eigentlich das Subjekt dieser Ausdrücke dar („wer oder was ereignet sich?"), sie sind also Subjektsätze

GS

§ 91 Accipe, quid cōnstitu**erim**! — Vernimm, was ich beschlossen **habe**!

Die indirekte Frage, die wir an dem Fragepronomen „quid" erkennen, erfordert im Lateinischen den Konjunktiv (§ 89 A). Die Form „cōnstituerim" ist Konjunktiv Perfekt. Der Sprecher (Nisus) fordert in seiner Gegenwart den Hörer (Euryalus) auf, einen Beschluß zu vernehmen, den er (Nisus) schon **vorher** gefaßt hat: Der Konjunktiv **Perfekt** bezeichnet die **Vorzeitigkeit.**

Formenübersicht: Konjunktiv Perfekt

Aktiv	**Passiv**	
laudāv-**eri**-m	laudātus, -a, -um	sim
laudāv-**eri**-s	laudātus, -a, -um	sīs
laudāv-**eri**-t	laudātus, -a, -um	sit
laudāv-**eri**-mus	laudātī, -ae, -a	sīmus
laudāv-**eri**-tis	laudātī, -ae, -a	sītis
laudāv-**eri**-nt	laudātī, -ae, -a	sint
(Im Akt. sind die Formen des Konj.Perf. denen des Ind.Fut.II gleich bis auf die 1. Pers.Sg.: laudāverim – laudāverō)		
entsprechend:		
rapu-**eri**-m	raptus, -a, -um	sim
pepul-**eri**-m	pulsus, -a, -um	sim
iuss-**eri**-m	iussus, -a, -um	sim
invēn-**eri**-m	inventus, -a, -um	sim
ascend-**eri**-m	ascēnsus, -a, -um	sim
fu-**eri**-m		

Ebenso: potuerim, prōfuerim, voluerim, nōluerim, māluerim, tulerim, ierim.

§ 92 Helvētiī sīc īnstitūtī sunt, utī obsidēs accipere **cōnsuērint**. — Die Helvetier sind so erzogen, daß sie (sich gewöhnt haben) gewohnt sind, Geiseln zu nehmen.

Caesar haec iam **audierat.** — Caesar hatte dies schon gehört.

Die Form „cōnsuērint" ist aus „cōnsuēverint" entstanden, „audierat" aus „audīverat". Solche **Kurzformen** finden wir im v-Perfekt; meist sind sie durch Schwund der Laute -vi- oder -ve- vor folgendem -s- bzw. -r- entstanden. Weitere Beispiele:

nōrat aus nōverat
nōssēs aus nōvissēs
nōrim aus nōverim
laudārunt aus laudāvērunt
cōnsuērat aus cōnsuēverat
dēlēsse aus dēlēvisse.

Konsekutivsätze (Folgesätze) werden durch „ut – daß" oder „ut nōn = daß nicht" eingeleitet, ihr Prädikat steht im Konjunktiv.

§ 93
A

1. a) Interrogō,	quid videat. quid vīderit.	Ich frage,	was er sieht. was er gesehen hat.
b) Interrogābō,	quid videat. quid vīderit.	Ich werde fragen,	was er sieht. was er gesehen hat.
2. a) Interrogābam,	quid vidēret. quid vīdisset.	Ich fragte,	was er sehe. was er gesehen habe.
b) Interrogāvī,	quid vidēret. quid vīdisset.	1. im Bericht: Ich fragte,	was er sehe. was er gesehen habe.
		2. im Gespräch Ich habe gefragt,	was er sieht. was er gesehen hat.
c) Interrogāveram,	quid vidēret. quid vīdisset.	Ich hatte gefragt,	was er sehe. was er gesehen habe.

Wenn in einem GS das P im Konjunktiv steht, bezeichnet das Tempus das **Zeitverhältnis** des GS-Prädikats zum Prädikat des übergeordneten Satzes. Ähnlich wie im Deutschen (§ 84 D) sind auch im Lateinischen die Tempora einander fest zugeordnet. Diese Zuordnung heißt **cōnsecūtiō temporum** (Zeitenfolge; sequī – folgen). Unterschiede: Im Lateinischen spielt das Tempus im HS eine Rolle; im deutschen GS steht der Konjunktiv nur dann, wenn es sich um Bericht oder Erzählung handelt; sonst steht der Indikativ.

Zeitstufe (bzw. Tempus) **im übergeordneten Satz**	**Zeitverhältnis (cōnsecūtiō temporum)** des Gliedsatzes zum übergeordneten Satz	
	Gleichzeitigkeit (GZ)	**Vorzeitigkeit (VZ)**
Gegenwart – Zukunft Präs. interrogō Fut.I interrogābō **Haupttempus**	Konj. Präs. quid videat	Konj. Perf. quid vīderit
Vergangenheit: Impf. interrogābam Perf. interrogāvī Plpf. interrogāveram **Nebentempus**	Konj.Impf. quid vidēret	Konj.Plpf. quid vīdisset

B Vergleiche die „Regelung“ bei den **Partizipien** und **Infinitiven:**

Partizip	**Infinitiv**	**Tempus**	**Zeitverhältnis**
laudāns	laudāre laudārī	**Präs.**	**GZ**
laudātūrus	laudātūrum esse	**Fut.**	**NZ**
laudātus	laudāvisse laudātum esse	**Perf.**	**VZ**

C **Nequīre** (nequ-īre) **„nicht können“** wird im Präsensstamm wie „īre“ konjugiert (nequeō, nequīs, ...; nequībam, ... nequībāmus, ...). Im Perfektstamm bleibt das Morphem -v- als Tempuskennzeichen oft erhalten: nequīvī, nequīvistī, ... (neben „nequiī“).

VII LECTIO SEPTIMA

§ 94 Übersichten über die Bildung der Verbformen (vgl. § 140)

1. **Tempus- und Moduskennzeichen:**

Präsensstamm im Aktiv und Passiv:

	Indikativ		Konjunktiv		
Konjugation:	a- e-	i- kons. gem.	a-	e- i-	kons. gem.
Präsens	—	—	e	a	a
Imperfekt	ba	ēba	re	re	ere
Futur I	b(i/u)	1a, 5e			

Perfektaktivstamm:

	Indikativ	Konjunktiv
Perfekt	5 i, 1 ēru	eri
Plusquampf.	era	isse
Futur II	1 er, 5 eri	

Perfektpassivgruppe: PPP + Formen von esse

	Indikativ	Konjunktiv
Perfekt	PPP + sum	PPP + sim
Plusquampf.	PPP + eram	PPP + essem
Futur II	PPP + erō	

2. **Personalmorpheme:**

Aktiv, außer Ind.Perf.: -ō/m, -s, -t, -mus, -tis, -nt
Ind.Perf.Aktiv: –, -stī, -t, -mus, -stis, -(ēru)nt
Passiv: Präs., Impf., Fut. I: -or/r, -ris, -tur, -mur, -minī, -ntur

3. **Infinitive:**

	Aktiv	Passiv
Präsens	Präsensstamm + -(e)re	Präsensstamm + -rī/-ī
Futur I	-tūrum, -tūram, -tūrum esse	
Perfekt	Perfektaktivstamm + -isse	-tum, -tam, -tum esse

4. **Partizipien:**

PPA: Präsensstamm + -(ē)ns (Gen.: -(e)**ntis**); konsonantische bzw. gemischte Deklination

PPP: -tus, -ta, -tum; o-/a-Deklination

PFA: -tūrus, -tūra, -tūrum; o-/a-Deklination

5. **nd-Formen:** Präsensstamm + -(e)ndī, (-ndō), -ndum, -ndō

6. **Imperative:**

	Aktiv	Deponens
Sg.:	ϕ/-e	-(e)re
Pl.:	-(i)te	-(i)minī

Übersicht über einige verwechselbare Verbalausgänge

-ī:	minuī	(Perfektaktivst.)	1. Sg.Ind.Perf.Akt.
	minuī	(Präsensstamm)	Inf.Präs.Pass.
	mūnī	(Präsensstamm)	2.Sg.Impv.Präs.Akt.
-eris:	minueris	(Perfektaktivst.)	2.Sg.Konj.Perf.Akt.
	minueris	(Perfektaktivst.)	2.Sg.Ind.Fut.II Akt.
	minueris	(Präsensstamm)	2.Sg.Ind.Präs.Pass.
-ēris:	minuēris	(Präsensstamm)	2.Sg.Ind.Fut.I Pass.
-erit:	minuerit	(Perfektaktivst.)	3.Sg.Konj.Perf.Akt.
	minuerit	(Perfektaktivst.)	3.Sg.Ind.Fut.II Akt.
-am:	audiam	(Präsensstamm)	1.Sg.Konj.Präs.Akt.
	audiam	(Präsensstamm)	1.Sg.Ind.Fut.I Akt.
-tis:	terrētis	(Präsensstamm)	2.Pl.Ind.Präs.Akt.
-tīs:	territīs	(PPP)	Dat./Abl.Pl. m./f./n. vom PPP
-ēs:	pārēs	(Präsensstamm)	2.Sg. Ind.Präs.Akt.
	pariēs	(Präsensstamm)	2.Sg.Ind.Fut.Akt.
	parēs	(Präsensstamm)	2.Sg.Konj.Präs.Akt.

VIII LECTIO OCTAVA

Wiederhole:

§ 4 Attribut
§ 5 Kongruenz
§ 44 Prädikativum
§ 69 Adjektive der i-Stämme
§ 74 Adverb
§ 75 Steigerung der Adjektive
§ 78 Steigerung der Adverbien

IX LECTIO NONA

§ 95 A **Unvollständige Steigerung der relativen Lagebezeichnungen:**

Grundform (Adverb oder Präposition)		Komparativ		Superlativ	
extrā	außerhalb	exterior	der äußere	extrēmus	der äußerste
intrā	innerhalb	interior	der innere	intimus	der innerste
īnfrā	unterhalb	īnferior	1. der untere 2. der geringere 3. der unterlegene	īnfimus (īmus)	der unterste
suprā	oberhalb	superior	1. der obere, höhere 2. der frühere 3. der überlegene	suprēmus summus (prädikativ):	der oberste 1. der höchste 2. sehr hoch 3. oben
ultrā	jenseits	ulterior	der jenseitige	ultimus	der letzte
citrā	diesseits	citerior	der diesseitige		
prae	vor	prior (prädikat.):	1. der frühere; der vordere 2. früher	prīmus	1. der erste 2. als erster; zuerst
post (vgl. posterus)	1. nach (Präp.) 2. später (Adv.)	posterior (prädikat.):	1. der spätere 2. später	postrēmus	1. der letzte 2. als letzter; zuletzt
prope	1. nahe bei (Präp.) 2. fast (Adv.)	propior (prädikat.):	1. der nähere 2. näher an etw.	proximus	der nächste (1.folgende 2.voraufgegangene)

B 1. Ibi sunt altī montēs; **in summō monte** sēdēs deōrum esse dīcuntur. — Dort erheben sich hohe Berge; **auf dem höchsten Berge** sollen die Wohnsitze der Götter liegen.

2. Ibi erat altus mōns; **in summō monte** templum Sōlis erat. — Dort erhob sich ein hoher Berg; **auf dem höchsten Punkt des Berges = auf der Bergspitze** stand ein Sonnentempel.

Die Wortgruppe „in summō monte“ steht in beiden Sätzen ohne Unterschied in der Form; sie hat aber je nach Kontext verschiedene Bedeutung. In Satz 1 wird ein Berg mit anderen verglichen: er ist der höchste. Hier ist „summō“ Attribut zu „monte“, das ihn von den benachbarten Bergen unterscheidet. In Satz 2 dagegen ist von einem einzigen Berg die Rede, so daß ein Vergleich mit anderen Bergen der Gegend nicht möglich ist. Hier ist „summō“ ein Prädikativum. Das „versteckte“ Prädikat (§ 44.3) sagt über den Berg aus, daß an ihm „das Höchste“ gemeint ist, nämlich seine Spitze. Das Adjektiv ist dominant (§ 46). – Ähnlich:

... in mediā silvā ... (1) im mittleren Wald (es gibt mehrere Wälder)
(2) in der Mitte des Waldes = mitten im Wald (es gibt nur einen Wald)

... prīmō vēre ... (1) im ersten Frühling (nicht im zweiten oder dritten)
(2) am Anfang des Frühlings = bei Frühlingsanfang.

X LECTIO DECIMA

§ 96 **Steigerung mit Stammwechsel:**

Positiv		**Komparativ**		**Superlativ; Elativ**	
bonus	gut	melior, melius	besser	optimus	am besten; sehr gut
malus	schlecht; böse	pēior, pēius		pessimus	
magnus	groß; stark	māior, māius		maximus	
parvus	klein	minor, minus		minimus	
multum	viel	plūs	mehr	plūrimum	das meiste; am meisten
multī	viele	plūrēs, plūra (Gen.: -ium)	mehr (indeklinabel)	plūrimī	die meisten; sehr viele
	aber:	complūrēs, -ra (Gen.: -ium)	einige; mehrere		

Merke: Grundformen mit per- = elativische Bedeutung: perbonus (sehr gut), permalus, permagnus, perparvus, permultum, permultī.

Ferner: Plērīque, plēraeque, plēraque – die meisten.
māiōrēs, māiōrum m. – Vorfahren
multum ist substantiviertes Neutrum („viel") oder Adverb („sehr", „viel").

XI LECTIO UNDECIMA

§ 97 A

1.a) b) c)	Rōmānī ad	oppūgnandum urbem oppūgnandam urbem urbem oppūgnandam	vēnērunt.	Die Römer kamen zur Stadtbestürmung/ zur Bestürmung einer Stadt / um eine Stadt zu bestürmen.
2.a) b) c)	Hostēs in spem	urbem servandī urbis servandae servandae urbis	vēnērunt.	Die Feinde kamen (in die) zu der Hoffnung der Stadtrettung / der Rettung ihrer Stadt / ihre Stadt (zu retten) retten zu können.
3.a) b) c)	Rōmānī	tēla coniciendō tēlīs coniciendīs coniciendīs tēlīs	hostēs in urbe retinēbant.	Durch Geschosseschleudern / Durch das Schleudern von Geschossen / Dadurch, daß sie Geschosse schleuderten, versuchten die Römer, die Feinde in der Stadt zu halten.

In unseren Beispielen besagen die senkrechten Klammern, daß eine der drei Wortgruppen die Stelle füllen kann, ohne daß der Sinn des Satzes sich ändert. Diesen Sinn des Satzes gibt jede der vorgeschlagenen Übersetzungen wieder; wir können die auswählen, die am besten wirkt.

Worin unterscheiden sich die lateinischen Wortgruppen zwischen den Klammern? Die Zeilen b) und c) unterscheiden sich nur in der Wortstellung: Zwei Wörter mit KNG-Kongruenz haben ihren Platz getauscht, wie das im Lateinischen bei der Freiheit der Wortstellung oft möglich ist.

Anders ist das in den Zeilen a) und b). In Zeile a) finden wir jeweils eine Gruppe mit zwei Wörtern, die nicht in KNG-Kongruenz stehen. Allein der Kasus der nd-Form zeigt an, welche Funktion die Wortgruppe im Satz hat:

1.a) adverbiale Bestimmung auf die Frage „wozu?“ (ad oppūgnandum);
2.a) Genitivattribut zu „spem“ (servandī);
3.a) adverbiale Bestimmung auf die Frage „wodurch?“ (coniciendō).

Die nd-Form in Zeile a) ist jeweils durch ein (Akk) ergänzt (urbem; tēla).

Dagegen stehen in Zeile b) die beiden Wörter jeweils in KNG-Kongruenz, so daß wir am Kasus beider Wörter die Funktion der Wortgruppe erkennen können. Aber: Auch in den Zeilen b) liegt **das Gewicht der Aussage in der nd-Form.**

So richtet sich z.B. in 2.b) die Hoffnung nicht auf die Stadt – die Stadt, die die unverständliche Eigenschaft „servandae“ hätte –, sondern die Hoffnung betrifft die Rettung, nämlich die Rettung der Stadt.

Dafür ein weiteres Beispiel:

Rōmānī in turribus ad mūrum admovendīs occupātī erant.	Die Römer waren mit dem Heranbringen der Türme an die Mauer beschäftigt / ... damit beschäftigt, die Türme an die Mauer heranzubringen.

Das Gewicht auch dieser Aussage liegt auf der nd-Form. Die Römer waren mit dem „Heranbringen“, also dem Transport der Belagerungstürme beschäftigt – nicht etwa „in den Türmen“! Solange die Türme transportiert wurden, wäre es ja unsinnig gewesen, sich in ihnen zu beschäftigen (womit auch?).

So erkennen wir, daß in den Zeilen b) die nd-Formen **dominant** sind (§ 46). Wir können auch sagen: Die nd-Formen sind **prädikativ** gebraucht, d.h. sie enthalten ein „verstecktes“ Prädikat (§ 44.3), wie das am deutlichsten die dritte Übersetzung von 3 zeigt.

Der Unterschied zwischen den Zeilen a) und b) liegt also nicht im Sinn, sondern nur in der Form des lateinischen Satzes. Die Symbole zu Satz 3 können so aussehen (dabei bedeutet Abl_{nd}: nd-Form im Ablativ; P_{nd}: nd-Form als Prädikativum):

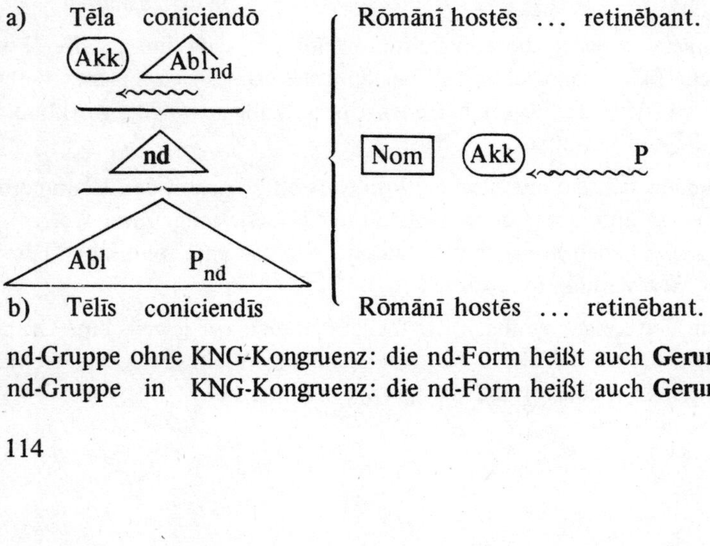

nd-Gruppe ohne KNG-Kongruenz: die nd-Form heißt auch **Gerundium;**
nd-Gruppe in KNG-Kongruenz: die nd-Form heißt auch **Gerundivum.**

Merke: Die hier besprochenen nd-Gruppen stehen

(a) **nach Präpositionen** (auch vor „causā – wegen"),
(b) (ohne Präposition) im **Genitiv** oder im **Ablativ** (selten im Dativ),

aber **nie** im Nominativ oder im Akkusativ ohne Präposition.

Die vorgeschlagenen Übersetzungen zeigen, daß wir im Deutschen dabei drei Möglichkeiten haben:

– zusammengesetztes Substantiv (Kompositum)	z.B. zur Stadtbestürmung
– Substantiv mit Genitivattribut (manchmal mit „von")	z.B. zur Rettung ihrer Stadt (z.B. durch das Schleudern von Geschossen)
– GS oder	z.B. dadurch, daß sie Geschosse schleuderten
– Infinitivkonstruktion	z.B. um eine Stadt zu bestürmen.

Im Deutschen vermeiden wir Ausdrücke wie z.B. „Stadtrettung" (Satz 2) oder „Geschosseschleudern" (Satz 3). Gut sind fast immer Übersetzungen mit GS oder Infinitivkonstruktion.

Beachte: Eine **nd-Form** bezeichnet immer die **Gleichzeitigkeit**. Zum Beispiel:

	Übersetzung mit	
	Substantiv	Infinitivkonstruktion / GS
spēs fugiendī	Hoffnung auf Flucht	Hoffnung zu fliehen
fugiendī causā	wegen des Fliehens wegen der Flucht	um zu fliehen
ad fugiendum	zum Fliehen zur Flucht	(um) zu fliehen
fugiendō	durch Fliehen durch die Flucht	dadurch, daß (er)[1] (flieht)[2]
in fugiendō	beim Fliehen auf der Flucht	während (er)[1] (flieht)[2]

[1]) Das Subjekt muß aus dem Kontext ergänzt werden.
[2]) Tempus und Numerus des Prädikats müssen aus dem Kontext erschlossen werden. Es steht nur fest, daß die nd-Form die Gleichzeitigkeit bezeichnet.

B	Rōmānī perpaucīs tantum potestātem suī in urbem recipiendī dedērunt.	Die Römer gaben nur sehr wenigen die Möglichkeit, sich in die Stadt zurückzuziehen.

Hier hängt die nd-Gruppe „suī ... recipiendī“ als Genitivattribut von „potestātem“ ab. Auch ein Pronomen (hier: suī) steht also mit der nd-Form in KNG–Kongruenz. Wenn wir andere Pronomina für „suī“ einsetzen, erhalten wir z.B.:

potestātem meī	recipiendī	die Möglichkeit, mich zurückzuziehen;
potestātem tuī	recipiendī	die Möglichkeit, dich zurückzuziehen;
potestātem nostrī	recipiendī	die Möglichkeit, uns zurückzuziehen.

In unserem Beispiel scheint „suī“ Stellvertreter für „perpaucīs“ zu sein, „perpaucīs“ jedoch ist Dat zu „dedērunt“ und nicht Subjekt des Satzes. Gilt also § 64.4 hier nicht? Dort steht: „Das Reflexivpronomen ist Stellvertreter für das Subjekt“. – Sehen wir genauer hin: In der nd-Gruppe „suī recipiendī“ ist eine Handlung enthalten, nämlich „sie zogen sich zurück“. Wenn wir nun fragen, wer der Täter dieser Handlung ist, sehen wir, daß es „sehr wenige Männer“ sind, die durch „perpaucī“ bezeichnet werden, daß also das Subjekt in „suī recipiendī“ enthalten ist (P + □). Auf dieses nicht ausgesprochene Subjekt bezieht sich „suī“. § 64.4 gilt also auch hier.

In unserem Beispiel ist „Rōmānī“ als Nom nach den Regeln der Grammatik das Subjekt des Satzes; es heißt deswegen **grammatisches Subjekt.** Die Frage, wer Täter für die Handlung von „suī recipiendī“ ist, führt logisch zu der Antwort „perpaucī“; ein Subjekt dieser Art nennen wir **logisches Subjekt.**

Besonders bei Partizipien und nd-Formen bezieht sich das Reflexivpronomen häufig auf das logische Subjekt. Dazu noch zwei Beispiele:

Caesar lēgātīs Haeduōrum **sē** pūrgantibus nihil respondit.	Caesar gab den Gesandten der Häduer keine Antwort, als sie **sich** rechtfertigten.
Caesar sociōs ad urbem **suam** dēfendendam adhortātus est.	Caesar forderte die Bundesgenossen auf, **ihre** Stadt zu verteidigen.

XII LECTIO DUODECIMA

§ 98 **A**	1. In urbe oppūgnandā plūrimī labōrēs **mīlitibus sustinendī erant.**	Beim Sturm auf die Stadt **mußten von den Soldaten** zahllose Strapazen ertragen werden. Oder: ... **mußten die Soldaten** zahllose Strapazen **ertragen.**
	2. Dux **eōs esse pūniendōs** cōnstituit.	Der Führer (setzte fest =) entschied, daß sie **bestraft werden müßten.** Frei: ... beschloß, sie zu bestrafen.

In beiden Sätzen bildet eine nd-Form zusammen mit einer Form von esse eine Wortgruppe. Wie ein Adjektiv oder ein PPP steht die nd-Form in KNG-Kongruenz zur ihrem Beziehungswort (labōrēs... sustinendī; eōs ... pūniendōs).

Eine solche **nd-esse-Gruppe** drückt im Lateinischen eine **Notwendigkeit** oder einen **Zwang** aus. In der Übersetzung erscheint deswegen das Hilfsverb „müssen".

Merke: nd-esse-Gruppe → „müssen".

Eine **nd-esse-Gruppe gilt als Passiv.** In der Übersetzung wählen wir wie üblich Passiv oder Aktiv. – Im übrigen kommen nd-esse-Gruppen nur im Nominativ oder Akkusativ vor. Das kann nicht anders sein, da sie in KNG-Kongruenz zum Subjekt stehen, das grammatische Subjekt jedoch entweder [Nom] oder [Akk] ist.

Merke: **nd-esse-Gruppen** stehen **nie nach Präpositionen** oder in den Kasus **Genitiv, Dativ** oder **Ablativ.**

B Der **Dativ** bei einer solchen nd-esse-Gruppe (hier: mīlitibus in Satz 1) bezeichnet den **Täter**, also diejenige Person, die die Handlung ausführen muß. Dieser Dativ heißt **datīvus auctōris** (auctor – Urheber, Täter). In einem Satz, der diesen dat.auct. enthält, übersetzen wir die nd-esse-Gruppe am besten mit dem Aktiv so, daß wir den Dativ als [Nom] wiedergeben. Zum Beispiel:

Labōrēs **mīlitibus** sustinendī erant.	**Die Soldaten** mußten Strapazen ertragen.

Denn: „labōrēs" ist das **grammatische Subjekt** des Satzes;
„mīlitibus" ist das **logische Subjekt** des Satzes (§ 97 B).

C 1. Occāsiō ulcīscendī **nōn est** praetermittend**a**.	Man **darf** die Gelegenheit, sich zu rächen, **nicht** vorübergehen lassen.
2. **Nēminī** parcend**um erit**.	Man wird **niemandem** Schonung gewähren **dürfen** = **Niemand** wird geschont werden **dürfen**.

In beiden Sätzen steht bei der nd-esse-Gruppe eine **Negation** (ein verneinender Ausdruck: nōn; nēminī). In der Übersetzung verwenden wir das Hilfsverb „dürfen".

Merke: nd-esse-Gruppe mit Negation → „nicht dürfen".

"Nēminī" in Satz 2 haben wir in unserer Übersetzung als Dativobjekt zu „parcendum erit" aufgefaßt; denn „parcere" steht mit dem Dativ: jemandem Schonung gewähren. Allerdings könnte „nēminī" auch dat. auct. sein (§ 98 B); dann müßten wir übersetzen: „Niemand wird Schonung gewähren dürfen = schonen dürfen". Welche Übersetzung zutrifft, entscheidet auch hier der Kontext.

D Nunc prōvidendum, (HS)	nē ... possint. (GS)	Jetzt muß man dafür sorgen, daß sie nicht ... können.

Hier enthält der HS keine finite Verbform; wir können aber leicht ein „est" hinzudenken, so daß die erwartete vollständige nd-esse-Gruppe entsteht: Nunc prōvidendum est, ... Es liegt eine **Ellipse der Kopula** vor, die gerade **bei diesen nd-esse-Gruppen häufig** ist. – Ebenso:

Gallī omnia experienda arbitrantur. = omnia experienda **esse** ...	Die Gallier glauben, alles versuchen zu müssen.

Im Lateinischen und im Deutschen läßt ein Sprecher oft Wörter aus, wenn der Hörer sie ohne Mühe ergänzen kann. Diese Erscheinung heißt **Ellipse** (griechisch = Auslassung). Die Ellipse kann auch mehrere Glieder eines Satzes betreffen. Zum Beispiel:

„Welchen Ball möchtest du haben?" „Den roten."

In der Antwort besteht der ganze „Satz" nur aus einem Attribut mit Artikel; die Ellipse betrifft alle anderen Satzglieder. Der Kontext macht es möglich, diesen „Satz" zu verstehen und alles Ausgelassene zu ergänzen. – Lateinische Beispiele:

Locūtī sunt Haeduī ... nōn cōnferendum esse Gallicum cum Germānōrum agrō (= Gallicum **agrum**)	Die Häduer sagten ..., daß das gallische nicht mit dem Ackerland der Germanen verglichen werden dürfe (= das gallische **Ackerland**)
... in eam partem itūrōs atque ibi futūrōs, ubi ... = **sē** in eam partem Galliae itūrōs **esse** atque ibi futūrōs **esse**, ubi ...	... daß sie in den Teil Galliens ziehen und dort bleiben würden, wo ...

Merke: In Mehr-Wort-Formen mit esse findet sich oft **Ellipse der Form von esse.**

Im aci findet sich oft **Ellipse des Pronomens** an der Stelle [Akk].

§ 99 Dux **urbem** mīlitibus **dīripiendam** dedit.	Der Führer gab den Soldaten **die Plünderung der Stadt** (frei) = ... **die Stadt zur Plünderung** frei = gab den Soldaten (die Erlaubnis), **die Stadt zu plündern.**

Diese nd-Gruppe steht ohne „esse"! Es liegt keine Ellipse vor; denn bei dem Verbum „dare" erwarten wir keine Form von „esse". Die Wortgruppe gehört zu den nd-Formen, die in § 97 besprochen sind. Die nd-Form ist also prädikativ gebraucht, sie ist **dominant**. Der Führer gibt seinen Soldaten ja nicht die Stadt, sondern die Plünderung der Stadt. Deswegen müssen wir „dare" in der Übersetzung mit einem Zusatz versehen: „freigeben", „die Erlaubnis geben". Wir können aber auch sagen, daß diese nd-Form den Zweck der Handlung oder die Absicht des Führers bezeichnet; dann übersetzen wir: „... gab die Stadt **zur** Plünderung (frei)".

Solche dominanten nd-Formen stehen bei Verben mit der Bedeutung „überlassen", „sorgen" usw. wie „dare", „trādere", „cūrāre"; z.B.:

Dumnorīx obsidēs dandōs cūrāverat.	Dumnorix hatte für die Stellung von Geiseln gesorgt = hatte dafür gesorgt, daß Geiseln gestellt wurden.

1. **nd-Gruppen**

Typ I spēs urbem servandī: nd-Form (mit abhängiger Ergänzung)
Typ II spēs urbis servandae: nd-Gruppe in KNG-Kongruenz mit dominanter nd-Form

Typ I/II : nach Präpositionen und im Genitiv oder im Ablativ (nicht im Nominativ oder im Akkusativ ohne Präposition)
Übersetzung bei Typ I/II:
1. Kompositum (zusammengesetztes Substantiv)
2. Substantiv mit Genitivattribut
3. Infinitivkonstruktion oder GS

Typ III labōrēs sustinendī erant: nd-esse-Gruppe (Passiv)

Typ III : im Nominativ oder im Akkusativ ohne Präposition (KNG-Kongruenz mit [Nom] oder [Akk])
Übersetzung bei Typ III:
nd-esse-Gruppe → „müssen"
nd-esse-Gruppe mit Negation → „nicht dürfen"
Dat.auctōris bei Typ III: Das logische Subjekt steht im Dativ (derjenige, der etwas tun muß oder nicht tun darf)

2. **Ellipse:** Satzglieder können fehlen. In Mehr-Wort-Formen mit esse, besonders in nd-esse-Gruppen fehlt oft die Form von esse. Im aci fehlt oft das Pronomen an der Stelle [Akk].

§ 100	Hostēs sēsē iam victōs esse **arbitrātī** terga vertērunt.	Weil die Feinde **meinten**, schon besiegt zu sein, flohen sie.
	Pyrrhus fortitūdinem hostium **mīrātus** dīxit ...	Weil Pyrrhus die Tapferkeit seiner Feinde **bewunderte**, sagte er ...

Der Sinn beider Sätze zeigt, daß das Zeitverhältnis zwischen dem Partizip und dem Prädikat die **Gleichzeitigkeit** ist. Wir haben jedoch in § 45.6 gelernt, daß ein Perfekt-Partizip stets die Vorzeitigkeit bezeichnet. Diese Regel muß jetzt eingeschränkt werden, soweit es sich um **Deponentien** handelt (arbitrārī; mīrārī).

Merke: Das Partizip Perfekt eines Deponens kann auch die Gleichzeitigkeit bezeichnen.

Das gilt für viele, aber nicht für alle Fälle. Ein Deponens-Partizip kann auch die Vorzeitigkeit bezeichnen – z.B.:

Dux ipse castrīs **ēgressus** sīgnum prōgrediendī dedit.

Nachdem der Führer selbst das Lager **verlassen hatte**, gab er das Zeichen vorzurücken.

Besonders oft bezeichnen folgende Deponens-Partizipien die Gleichzeitigkeit:

arbitrātus – cōnfīsus – secūtus – ūsus – veritus.

XIII LECTIO TERTIA DECIMA

§ 101

1. Pater eius Scīpiōnis, quī posteā Hannibalem in Āfricā **dēvīcit**, in Hispāniā ceciderat.

   Der Vater desjenigen Scipio, der später Hannibal in Afrika **besiegte**, war in Spanien gefallen.

2. Permīsērunt adulēscentī, ut ex iīs exercitibus, quī in Italiā **essent**, decem mīlia mīlitum in Hispāniam sēcum trāiceret.

   Sie erlaubten dem jungen Mann, aus den Heeren, die in Italien **stünden**, zehntausend Soldaten mit sich nach Spanien hinüberzuführen.

In Satz 1 werden alle Gedanken vom Schriftsteller als **Tatsachen** ausgedrückt; daher stehen Haupt- und Gliedsatz im **Indikativ**.

In Satz 2 steht der **Relativsatz im Konjunktiv**; dadurch wird ausgedrückt, daß dieser Sachverhalt als **Äußerung eines anderen** (hier: der Römer), nicht als Feststellung des Schriftstellers wiedergegeben wird.

Konjunktive in dieser Funktion können in allen Gliedsätzen, also auch in Relativsätzen auftreten. Sie geben **fremde Vorstellungen oder Äußerungen** wieder, d.h. nicht die des Sprechenden oder Schreibenden. Meist sind es die des Subjekts im Hauptsatz (hier: sie = die Römer). Wir nennen diesen Konjunktiv: **coni. oblīquus** (oblīquus – schräg, abhängig).

Es handelt sich in diesen GS um Vorstellungen oder Äußerungen von Personen innerhalb des Satzes. Darum nennen wir solche GS **innerlich abhängig**.

§ 102

1.a)	Aliquis mittendus erat, **quī** in locum eōrum succēd**eret**.	Jemand mußte geschickt werden, (**der** an ihre Stelle treten **sollte**, oder:) **um** an ihre Stelle **zu** treten.
b)	Caesar praesidia disposuit, **quō** facil**ius** Helvētiōs prohibēre poss**et**.	Caesar verteilte die Wachen, (**damit er desto** ..., oder:) **um desto** leicht**er** die Helvetier fernhalten **zu** können.

Auch hier sind beide GS innerlich abhängig, wie der Konjunktiv zeigt; sie drükken die Absicht einer Person innerhalb des Satzes aus.

In 1.a) bezeichnet der Konjunktiv im Relativsatz die Absicht des logischen Subjekts im HS (vgl. § 97 B), d.h. hier die Absicht des römischen Senats; der Senat schickte jemanden, **der** seine **Absicht** ausführen **sollte**. Diese **finalen Relativsätze** übersetzen wir mit dem Hilfsverb **„sollen"**; wir können den Satz – bei gleichem Subjekt in HS und GS – auch mit einem **Infinitiv mit „um ... zu"** wiedergeben.

Finalen Sinn haben auch Relativsätze im Konjunktiv, die mit **quō** (= ut eō) eingeleitet und mit einem Komparativ verbunden sind (1.b): quō facilius ... posset). Übersetzung wie Finalsatz: **damit desto, um desto.**

2.a)	Nēmō **erat, quī** imperium accipere aud**ēret**. (Nēmō fuit, **quīn** vulnerārētur.)	Es **gab** niemand, (von der Art, daß er =) **der** das Oberkommando anzunehmen wag**te**. (Es gab niemand, **der nicht** verwundet wurde.)
b)	Nēmō sē **idōneum** putābat, **quī** in Hispāniam ad exercitūs proficīsc**erētur**. (Nōn **is** sum, **quī** mortis perīculō terre**ar**.)	Niemand hielt sich für **geeignet**, nach Spanien zu den Heeren **zu** gehen. (Ich bin nicht **der Mann**, mich durch Todesgefahr schrecken **zu** lassen.)

Der Konjunktiv in den Relativsätzen enthält hier jeweils eine **Folge** aus dem Inhalt des übergeordneten Satzes; auf diese **konsekutiven Relativsätze** wird oft im übergeordneten Satz hingewiesen. Das geschieht z.B.:

a) durch bestimmte allgemeine Ausdrücke wie „nēmō est" u.ä. – Bei Verneinungen kann **quīn** statt quī nōn, quae nōn oder quod nōn stehen (vgl. nēmō fuit, quīn ...); wir übersetzen mit Indikativ;

b) durch bestimmte Adjektive wie idōneus, dīgnus, indīgnus, aptus u.a. – Auch durch Demonstrativa kann auf einen solchen konsekutiven Relativsatz hingewiesen werden (vgl. nōn **is** sum, quī ... – ich bin nicht von der Art, daß ich ...).

Wir sehen, daß diese Relativsätze (Attributsätze) zusätzlich eine adverbiale Beziehung enthalten, die einem finalen (1) oder konsekutiven (2) Gliedsatz entspricht. Im Lateinischen wird auf diese zusätzliche Bestimmung durch den Konjunktiv hingewiesen, der ja auch in Adverbialsätzen dieser Art steht (§§ 87; 90).

Relativsätze im Konjunktiv sind meist innerlich abhängig; sie enthalten

1. eine fremde Meinung (coni. oblīquus) oder
2. zusätzlich eine adverbiale Bestimmung: final oder konsekutiv.

§ 103

1.a) Caesar undique mercātōrēs ad sē vocāvit, ut **eās regiōnēs** Britanniae, **quae** sunt contrā Galliam, cognōsceret.	Caesar rief von überallher reisende Händler zu sich, um sich über **die Gegenden** Britanniens, **die** Gallien gegenüberliegen, zu informieren.
b) **Iī, quī** magnum in castrīs ūsum habēbant, **mīlitēs** perturbābantur.	**Diejenigen Soldaten, die** große Kriegserfahrung hatten, gerieten in Verwirrung.
c) Caesar in Britanniam trāiciendum cēnsuerat, **quae īnsula** reliquīs Gallīs erat incognita.	Caesar hatte beschlossen, nach Britannien überzusetzen, **einer Insel, die** den übrigen Galliern unbekannt war.

Relativsätze sind häufig Attribute zu einem Beziehungswort im HS (hier z.B.: „quae sunt contrā Galliam" zu „eās regiōnēs"). Wie die meisten Attribute stehen diese RS gewöhnlich hinter dem Beziehungswort (z.B. Genitivattribut: imperium populī Rōmānī; adjektivisches Attribut: portūs idōneī). Die verhältnismäßig freie Wortfolge im lateinischen Satz erlaubt es aber, die Stellung zu ändern. So zeigt Satz b), daß der Relativsatz zwischen das Demonstrativpronomen und dessen Beziehungswort eingeschoben ist. Diese Sperrung unterstreicht die Zusammengehörigkeit des ganzen Ausdrucks: Das Demonstrativpronomen und sein Beziehungswort bilden eine Klammer um den zugehörigen Relativsatz. Eine solche **Sperrstellung** nennt man **Hyperbaton** (griechisch: hinüberschreitend). In Satz c) ist das Beziehungswort, das an sich als Apposition dem Relativsatz vorangehen sollte (also: in Britanniam, īnsulam, quae ...), in den Relativsatz hinter das Relativpronomen getreten und hat dessen Kasus angenommen.

2.a) **Quam** superiōre aestāte fēcerat, **classem** iussit convenīre.	**Die Flotte, die** er im letzten Sommer hatte bauen lassen, ließ er zusammenkommen.
b) **Quae** hostium **pars** cōnfertissima est vīsa, **eam** irrūpit.	In **denjenigen Teil** der Feinde, **der** am dichtesten gedrängt schien, brach er ein.
c) **Quae** audierant, ad lēgātōs dēferunt.	**(Das,) was** sie gehört hatten, meldeten sie den Legaten.

Attribute können auch **vor** ihrem Beziehungswort stehen; der Lateiner betont dadurch das Attribut (z.B. idōneī portūs) oder erreicht einen Wechsel des Ausdrucks (z.B. populī Rōmānī imperium). Dies kann auch bei Relativsätzen geschehen (§ 56 A). In Satz a) geht der Relativsatz seinem Beziehungswort „classem" voraus. Satz b) zeigt dieselbe Erscheinung, aber zusätzlich ist das Beziehungswort noch in den Relativsatz hineingezogen und nur das Demonstrativpronomen (eam) im HS stehen geblieben.

Im Deutschen kennen wir fast nur die Normalstellung: Beziehungswort **vor** Relativsatz. Allerdings gibt Satz c) den auch im Deutschen nicht seltenen Fall, daß ein Demonstrativpronomen zu ergänzen ist: Ea, quae ... = Das, was ...; ebensogut kann aber auch im Deutschen der Satz ohne Demonstrativpronomen gebildet werden: Quae audierant ... = Was sie gehört hatten ... (Objektsatz, vgl. § 49).

§ 104 Caesar Commium mīsit, **quem sibi fidēlem esse** arbitrābātur.

Caesar schickte Commius, **der ihm**, wie er glaubte (oder: seiner Meinung nach), **treu ergeben war.**

Oft erscheint im Relativsatz ein aci. Die Schwierigkeit liegt in der deutschen Wiedergabe. Man verfährt am besten so, daß man den aci übersetzt, als ob er nicht von einem übergeordneten Verb abhängig wäre (also: „**quī** ... fidē**lis erat**" statt „**quem** ... fidē**lem esse**"); das finite Verb des lateinischen RS (hier: arbitrābātur) wird dabei entweder als „wie-Satz" (hier: wie er glaubte) oder als präpositionaler Ausdruck (hier: seiner Meinung nach) eingeschoben.

§ 105 Gubernātor dīxit nōn **plūs quīnque mīlia** passuum Āfricam abesse.

Der Steuermann sagte, Afrika sei nicht **mehr als fünf Meilen** entfernt.

Das Beispiel zeigt, daß nach bestimmten Komparativen (plūs, minus, amplius, longius) vor Maß- und Zahlangaben **quam** fehlen kann, ohne daß der abl. comparātiōnis dafür eintritt (§ 77).

1. Das Beziehungswort eines Relativpronomens kann im Lateinischen vor, in oder hinter dem Relativsatz stehen. Im Deutschen steht es immer vor dem Relativsatz.
2. Ein aci im Relativsatz erfordert Umformung bei der deutschen Wiedergabe.
3. Nach **plūs, minus, amplius** und **longius** kann vor Maß- und Zahlenangaben **quam** ohne Ersatz durch den abl. comparātiōnis fehlen.

§ 106 **Pronominaladjektive** heißen Adjektive, die in Bedeutung und Deklination den
A Pronomina nahestehen; wie die meisten Pronomina enden sie also im **Gen.Sg.** auf **-īus** und im **Dat.Sg.** auf **-ī**. Zu dieser Gruppe gehören:

ūnus, sōlus, tōtus, ūllus, uter(que), alter, neuter, nūllus, alius (Gen.Sg.: alterīus; Dat.Sg.: aliī).

B Beachte:

1. **ūllus** – (irgend)**einer**	bei Aussagen, die verneint sind bzw. deren Sinn eine Negation enthält;
uter – **wer** (von beiden)?	also nur, wenn nur zwei in Frage kommen; sonst: quis;
uterque – **jeder** (von zweien)	in der Übersetzung am besten: **beide**;
alter – **der eine** (oder: **der andere**)	wenn nur zwei in Frage kommen;
neuter – **keiner** (von zweien)	sonst: nēmō (subst.); nūllus (adj.);
alius – **ein anderer**	im Unterschied zu „alter – der andere".
2. **Aliī** fossās complēbant, **aliī** hostēs vallō dēpellēbant.	**Die einen** schütteten die Gräben zu, **die anderen** vertrieben die Feinde vom Wall.

Wenn wenigstens **zwei Formen von alius im gleichen Kasus** aufeinander bezogen sind, liegt eine Gegenüberstellung vor (hier: **aliī** – **aliī**). Bei der Übersetzung gebrauchen wir den bestimmten Artikel (also: **die** einen, **die** anderen) oder sagen „teils ..., teils ...".

3. a) **Alter alterīus** admīrātiōne affectus erat.	**(Der eine bewunderte den anderen,** besser:) **Beide bewunderten einander.**
b) **Alius aliī** subsidium ferēbat.	**(Der eine** brachte **dem anderen** Hilfe, besser:) Sie brachten sich **gegenseitig** Hilfe.

Wenn **zwei Formen von alter** (a) oder **alius** (b) **in verschiedenen Kasus** aufeinander bezogen sind, wird eine **Gegenseitigkeit** ausgedrückt; wir übersetzen durch **„einander"** oder **„gegenseitig."**

c) Mīlitēs **aliī aliā** dē causā pūgnam postulābant.	1) Die Soldaten forderten den Kampf, **die einen** aus **diesem** Grund, **die anderen** aus **jenem**.
	2) Die Soldaten forderten den Kampf, aber **jeder** aus **einem anderen** Grund.

Eine Gegenüberstellung kann auch in einer doppelten und zugleich verkürzten Form gegeben sein (c). Bei der Übersetzung kann die Verkürzung aufgehoben werden: Die Soldaten forderten den Kampf, **die einen aus dem einen** Grund, **die anderen aus dem anderen** Grund – oder besser: 1). Die Verkürzung kann aber auch im Deutschen beibehalten werden: 2).

§ 107

1. Longē **aliā** ratiōne **ac** reliquī Gallī bellum gerere īnstituērunt.	Sie begannen, den Krieg ganz **anders** zu führen **als** die übrigen Gallier.
2. Ā nostrīs **eādem** ratiōne, **quā** prīdiē, resistitur.	Unsere Leute leisten in der **gleichen** Art **wie** am Tag zuvor Widerstand (wörtlich: in welcher ⟨sie⟩ am Tag zuvor ⟨Widerstand geleistet hatten⟩).

Nach Ausdrücken der **Verschiedenheit, Gleichheit und Ähnlichkeit** wird das, was verglichen wird, durch **ac** bzw. **atque** oder das **Relativpronomen in KNG-Kongruenz** zum Beziehungswort angeschlossen.

> 1. **Pronominaladjektive** stehen in ihrer Bedeutung den Pronomina nahe und richten sich in ihrer Deklination nach diesen (Gen. Sg.: -īus, Dat. Sg.: -ī).
> 2. Nach Ausdrücken der Verschiedenheit, Gleichheit und Ähnlichkeit wird das Verglichene mit **ac** oder **atque** bzw. durch das **Relativpronomen in KNG-Kongruenz** angeschlossen.

XVI LECTIO SEXTA DECIMA

§ 108 A

Ubiī petunt atque ōrant, ut Caesar **sibi** parcat.

Nom — Dat — P

Nom — P — GS

Die Ubier (flehen und bitten =) bitten inständig,

a) Caesar solle **sich** schonen;
b) Caesar solle **sie** schonen.

Ein **Reflexivpronomen** bezieht sich auf das Subjekt (§ 64.4). Die Symbole zeigen, wie unser Satz zu zwei verschiedenen Übersetzungen führen kann: In a) haben wir „sibi" als Stellvertreter für „Caesar" aufgefaßt, d.h. das Reflexivpronomen auf das Subjekt des GS bezogen; in b) wird mit „sibi" jedoch „Ubiī" aufgenommen, d.h. das Reflexivpronomen auf das Subjekt des übergeordneten Satzes bezogen.

Die Übersetzung a) entspricht dem, was wir über das Reflexivpronomen wissen. Aber wie kommt es zur Übersetzung b)? Die Erklärung ergibt sich, wenn wir uns daran halten, daß der Konjunktiv der Modus der Vorstellung ist (hier: parcat), und fragen: Wer stellt sich hier etwas vor? Wir antworten: „Die Ubier" und sehen nun, daß der GS insgesamt eine Vorstellung der Ubier ist. Er ist kein Satz des Erzählers, der selbst außerhalb seiner Erzählung steht; sondern er enthält – wie eine abhängige Aussage – Worte von Personen innerhalb des Satzes. Solche GS im Konjunktiv heißen **innerlich abhängig**; sie enthalten Vorstellungen bzw. Aussagen von Personen innerhalb des Satzes (§ 101). Deshalb steht in ihnen das Reflexivpronomen auch dann, wenn auf die eigentlich sprechende Person im übergeordneten Satz verwiesen wird.

Wenn sich in einem innerlich abhängigen GS das Reflexivpronomen

a) auf das Subjekt des GS bezieht, sprechen wir von **direkter Reflexivität;**
b) auf das Subjekt des übergeordneten Satzes bezieht, sprechen wir von **indirekter Reflexivität.**

B **Innerlich abhängig** sind unter anderem folgende GS, die deshalb im coniūnctīvus oblīquus stehen:

1. **Objektsätze im Konjunktiv** (s.o.) und **Finalsätze,** z.B.

Id fēcērunt, **ut sibi** parceret.	Sie taten das, **damit** er a) **sich** schonte; b) **sie** schonte.

2. **indirekte Fragesätze,** z.B.

Interrogāvērunt, **cūr sibi** nōn parceret.	Sie fragten, **warum** er a) **sich** nicht schone; b) **sie** nicht schone.

3. **finale Relativsätze,** z.B.

Caesar praesidia disposuit, **quō** facilius hostēs ā **suīs** castrīs prohibērentur.	Caesar verteilte die Wachen, **damit** die Feinde desto leichter a) von **ihrem** Lager; b) von **seinem** Lager abgehalten wurden.

4. **alle GS,** die die **Vorstellung oder Aussage von Personen innerhalb des Satzes** enthalten, z.B.

Rōmānī omnēs incolās, quī **sibi** resisterent, pūniendōs cōnstituērunt.	Die Römer beschlossen, daß alle Einwohner, die a) **sich** (hier: sinnlos!); b) **ihnen** Widerstand leisteten, bestraft würden.

C **Nicht innerlich abhängig** sind jedoch **Konsekutivsätze** und **cum-Sätze,** die die Meinung des Textautors enthalten. In ihnen bezeichnet der coniūnctīvus subiūnctīvus nämlich nur die Unterordnung (§ 89 B). Deswegen ist hier nur direkte Reflexivität möglich. – Dafür zwei Beispiele:

Magister discipulōs tantopere vituperāvit, **ut sua** opera contemnerent.	Der Meister tadelte seine Lehrlinge so heftig, **daß** sie **ihre** Werke geringschätzten.
Magister discipulōs vituperāvit, **cum sua** opera contemnerent.	Der Meister tadelte seine Lehrlinge, **weil** sie **ihre** Werke geringschätzten.

In beiden Sätzen liegt also eindeutig direkte Reflexivität vor. Falls die Werke des Meisters bezeichnet werden sollen, kann nicht das Reflexivpronomen Stellvertreter für „magister" sein, weil diese GS nicht innerlich abhängig sind. Der Autor müßte sagen:

... **ut eius** opera contemnerent.	... **daß** sie **seine** Werke geringschätzten.
... **cum eius** opera contemnerent.	... **weil** sie **seine** Werke geringschätzten.

In einem **innerlich abhängigen GS** im Konjunktiv kann sich ein **Reflexivpronomen**

a) auf das Subjekt des GS beziehen:	**direkte Reflexivität**
b) auf das Subjekt des übergeordneten Satzes beziehen:	**indirekte Reflexivität.**

In allen Sätzen, die nicht innerlich abhängig sind (z.B. in Konsekutivsätzen und cum-Sätzen), ist nur direkte Reflexivität möglich.

XVII LECTIO SEPTIMA DECIMA

§ 109

1. a) Est **aliquis**, quī cōnsulat.	Es gibt **(irgend) jemand**, der berät.
b) **Aliquī mīlitēs** hoc nescīre videntur.	**Einige Soldaten** wissen das anscheinend nicht.
c) Cōnsul **nōn sine aliquā** spē vēnit.	Der Konsul kam **nicht ohne beträchtliche** Hoffnung.
2. a) **Sī quis** in cōnsilium advocātus erit, suādēre dēbēbit.	**Wenn (irgend) jemand** zu einer Beratung hinzugezogen wird, wird er einen Rat geben müssen.
b) **Sī quī mīles** dē bellō gerendō sē iūdicāre posse exīstimat, errat.	**Wenn (irgend) ein Soldat** glaubt, über die Kriegführung urteilen zu können, so irrt er.
3. a) **Neque** erat **quisquam**, quīn omnia faceret.	Es gab **auch nicht einen**, der nicht alles (Mögliche) tat.
b) **Sine ūllā cūnctātiōne** sē omnia factūrum esse cōnfirmāvit.	Er versicherte, er werde alles **ohne (irgend) ein Zögern** (besser: unverzüglich) tun.

4. a) **Nēmō** hoc dīcat!	**Niemand** soll dies sagen!
b) **Nēmō nisi** imperātor dēcernere dēbet.	(**Niemand wenn nicht** oder **außer** ..., besser:) **Nur** der Feldherr darf entscheiden.
c) **Nūlla rēs** īnsciente imperātōre facienda est.	(**Keine Sache** ..., besser:) **Nichts** darf ohne Wissen des Feldherrn getan werden.

Beim Vergleich der Sätze 1–3 stellen wir fest, daß das Lateinische verschiedene Ausdrucksmöglichkeiten hat, wo das Deutsche sich mit **einem** Ausdruck begnügt; denn alle drei Pronomina bedeuten: **(irgend)jemand/(einer), (irgend)etwas.**

Pronomina, die keine bestimmte Person oder Sache bezeichnen, heißen **Indefinitpronomina** (indēfīnītus – unbestimmt).

Die genannten Pronomina werden folgendermaßen gebraucht:

1. Aliquis, aliquid (substantivisch)
   aliquī, aliqua, aliquod (adjektivisch)

   in positiven Sätzen, also **auch**: nōn sine **aliquā** spē (Satz 1c), da die doppelte Verneinung (nōn sine) eine starke Bejahung ergibt.

2. Quis, quid (substantivisch)
   quī, qua (quae), quod (adjektivisch)
   nach sī, nisi, nē, num, ubi und Relativpronomina.

   Weil diese Formen sich an bestimmte Wörter „anlehnen", nennt man sie auch **enklitisch** (aus dem Griechischen).

3.,4. Quisquam, quidquam (quicquam) (substantivisch)
   ūllus, -a, -um (adjektivisch)

   in negativen Sätzen, wenn das Pronomen auf eine Konjunktion oder Präposition folgt, die die Negation enthält; sonst steht nēmō (substantivisch) bzw. nūllus, -a, -um (adjektivisch) (vgl. Satz 4).

§ 110

1. Dīxit mihi **quīdam.**	Es hat mir **einer** gesagt.
2. (Dīxit mihi **quīdam mīles.**	Es hat mir **ein Soldat** gesagt.)

Auch quīdam, quaedam, quiddam (adjekt. quoddam) weist auf eine Person hin, die nicht näher bestimmt werden soll oder kann: **ein gewisser, ein** ..., im Plural: **einige.** Bei der Deklination wird wie bei den entsprechenden Formen von īdem das **m** vor **d** zu **n,** also: quendam, quandam; quōrundam, quārundam.

§ 111

1. Dabat operam **quisque.**	**Jeder** gab sich Mühe.
2. Quaerunt, quid **quisque** dē **quāque** rē audierit.	Sie fragen, was **jeder** über **jede einzelne Sache** gehört habe.

3. Ariovistus obsidēs **nōbilissimī cuiusque** līberōs poposcit.	Ariovist forderte als Geiseln die Kinder **gerade der vornehmsten Leute.**
quisque, quidque	(substantivisch)
quisque, quaeque, quodque	(adjektivisch)

betont den **einzelnen** unter mehreren im Gegensatz zu „omnis", das den Sinn von „alle, insgesamt" hat. Auch dieses Pronomen ist indefinit, bezeichnet also nicht eine bestimmte Person oder Sache.

Dekliniert ist der erste Bestandteil wie das Interrogativ- bzw. Relativpronomen (vgl. quāque Satz 2 und cuiusque Satz 3).

Quisque lehnt sich häufig an bestimmte Wörter – z.B. Pronomina (vgl. Satz 2), Zahlen, Superlative (vgl. Satz 3) – an, ist also **enklitisch. Quisque** in Verbindung mit einem **Superlativ** übersetzen wir mit „**gerade die** ..." oder ‚alle ...' (vgl. Satz 3; wichtig: im Lateinischen Sg., im Deutschen Pl.!).

Indefinitpronomina bezeichnen nicht eine bestimmte Person oder Sache.

Substantivisch	**Adjektivisch**	
1. aliquis, aliquid	aliquī, -qua, -quod	(irgend) jemand,
quis, quid	quī, qua (quae), quod	(irgend) einer;
quisquam, quidquam (quicquam)	ūllus, -a, -um	(irgend) etwas
2. nēmō	nūllus, -a, -um	niemand, keiner
3. quīdam, quaedam, quiddam	quīdam, quaedam, quoddam	ein gewisser; Plural: einige
4. quisque, quidque	quisque, quaeque, quodque	jeder (einzelne)

LECTIO DUODEVICESIMA

§ 112

1. Metus erat **tantus, quantus** numquam anteā.	Die Furcht war **so groß, wie** nie zuvor.
2. **Tot** mīlia hostium caesa erant, **quot** numquam anteā.	**So viele** tausend Feinde waren gefallen, **wie** niemals zuvor.
3. Catō erat vir **tālis, quālēs** virī vērē Rōmānī antīquitus fuerant.	Cato war **so ein** Mann, **wie** die echten Römer in alten Zeiten gewesen waren.

In den drei deutschen Beispielsätzen ist der Vergleich jeweils mit „wie" eingeleitet. Diesem „wie" entsprechen im Lateinischen verschiedene Wörter, die den vorausgehenden Demonstrativpronomina bis auf den Anlaut gleichen (**t**-antus : **qu**-antus). Der Lateiner betont also nicht nur in dem Demonstrativum (hier: tantus – so groß, tālis – so beschaffen) den Inhalt des Vergleichs, sondern ebenso in dem sich darauf „beziehenden" Relativpronomen (t**antus** : qu**antus** / so **groß** : wie **groß**). Im Deutschen weisen wir nur einmal auf den Inhalt des Vergleiches hin (hier: so **groß**, wie...). Man bezeichnet Pronomina, die sich in dieser Weise aufeinander beziehen, als **prōnōmina correlātīva.**

Die mit qu- anlautenden Wörter können auch direkte oder indirekte Fragesätze einleiten. In diesem Fall gehören sie zu den **prōnōmina interrogātīva** (§ 41).

Übersicht

	prōnōmina correlātīva		**prōnōmina interrogātīva**
	demonstrativ	relativ	direkt / indirekt
Größe, Menge	tantus, -a, -um so groß	quantus, -a, -um wie	quantus, -a, -um? wie groß?
	tantum so viel	quantum wie	quantum? wieviel?
Beschaffenheit	tālis, -e so beschaffen	quālis, -e wie	quālis, -e? wie beschaffen?
Anzahl	tot (indekl.) so viele	quot (indekl.) wie	quot? (indekl.) wie viele?
Wiederholung	totiēns(indekl) so oft	quotiēns(indekl.) wie	quotiēns? (indekl.) wie oft?

Bei der Übersetzung der prōnōmina correlātīva übersetzen wir das Relativum nur mit dem Vergleichswort **„wie"**.

XXII LECTIO VICESIMA SECUNDA

§ 113 Hostēs cōnstituērunt optimum esse domum suam quemque revertī.

Die Feinde kamen zu dem Beschluß, es sei das Beste, daß jeder in seine Heimat zurückkehre.

Neben „Hostēs cōnstituērunt“ kann „revertī“ nicht ebenfalls eine finite Verbform, sondern nur Infinitiv sein; denn offensichtlich ist nur ein Satz und keine Konjunktion vorhanden. Weiter läßt die Bedeutung von „revertī: zurückkehren“ vermuten, daß mit „domum suam“ das Ziel, nämlich die „eigene Heimat“ genannt ist. Damit bleiben zwei Infinitive – ebenfalls unverbunden – und zwei Akkusative – „optimum“ und „quemquam“ – in ihrer Funktion im Satz zu klären. Wir vermuten, daß von „cōnstituērunt“ ein aci abhängt. Wir prüfen diese Vermutung, indem wir einmal „optimum“ durch „optima rēs“ ersetzen und die beiden abhängigen Aussagen unabhängig nebeneinander stellen: „Es ist das Beste / eine feine Sache“ – „Jeder kehrt in seine Heimat zurück“. Diese Aussagen können wir zusammenfassen:

Optima rēs est domum suam quemque revertī.

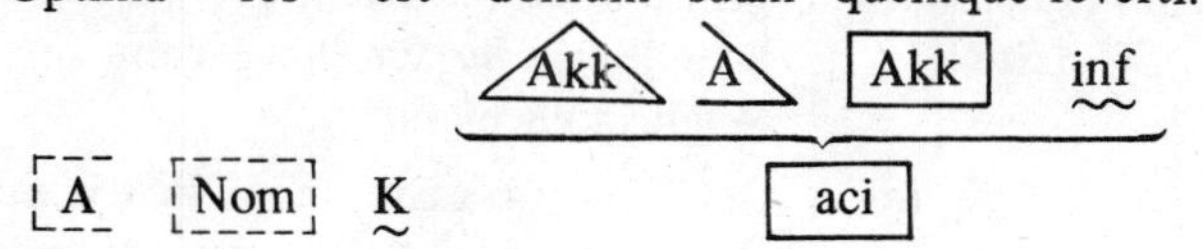

Es ist eine feine Sache, daß jeder in seine Heimat zurückkehrt.

Jetzt zeigt unser Satzbild: „domum ... revertī“ ist aci; „optima rēs“ neben der Kopula „est“ ist Prädikatsnomen. Diese Aussage stellt nun aber den Beschluß der Feinde dar:

Hostēs cōnstituērunt optimam rem esse domum suam quemque revertī.

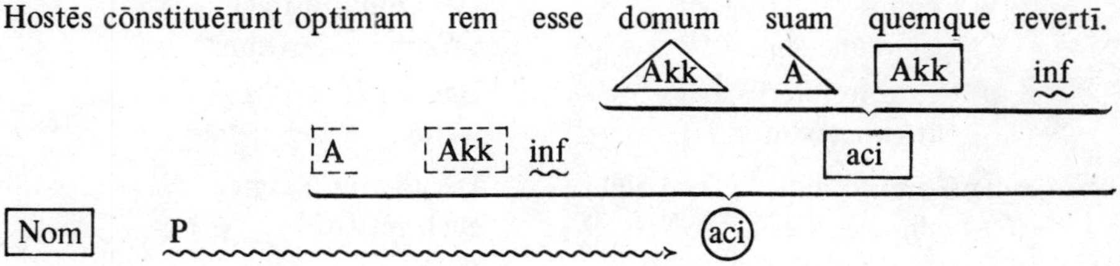

Jetzt können wir die Funktion der beiden Infinitive sicher unterscheiden: „revertī“ ist Infinitivprädikat in demjenigen aci, der seinerseits Subjekt in dem (aci) mit dem Infinitivprädikat „esse“ ist; zu diesem Infinitivprädikat tritt „optimam rem“ = „optimum“ als Prädikatsnomen hinzu. An „optimum“ selbst hätten wir das nicht erkennen können, da im Neutrum die Formen für Nominativ und Akkusativ gleich lauten. Die beiden Infinitive unterscheiden sich also dadurch, daß sie zu aci-Blöcken verschiedener Rangordnung gehören.

* § 114	Caesar magnam in spem veniēbat **futūrum esse**, ut Ariovistus pertināciā **dēsisteret.**	Caesar kam zu der festen **Hoffnung, daß** Ariovist seine starre Haltung aufgeben **werde** (... von seiner Hartnäckigkeit ablassen werde).

Nicht bei allen lateinischen Verben steht das PPP zur Verfügung, mit dessen Hilfe Partizip und Infinitiv Futur Aktiv gebildet sind (§ 67 B; hier: dēsistere). Ist im Satzzusammenhang der Inf.Fut.Akt. erforderlich (hier: um die Erwartung Caesars für die kommende Zeit auszudrücken), wird eine Umschreibung mit „futūrum esse, ut ... mit Konjunktiv" gewählt. Statt „futūrum esse" kann auch „fore" stehen.

XXIII LECTIO VICESIMA TERTIA

§ 115	1. a) Centuriō dīxit: „Quoniam **mē** ūnā **vōbiscum** servāre nōn **possum, vestrae** quidem vītae **prōspiciam**, quōs in perīculum **dēdūxī. Vōs** datā facultāte **vōbīs cōnsulite!**"	Der Centurio sagte: „Da **ich mich** ja **mit euch** zusammen nicht retten **kann, will ich** wenigstens für **euer** Leben **sorgen**, die **ich** in Gefahr **gebracht habe. Sorgt ihr** für **euch**, wenn sich die Möglichkeit bietet!"
	b) Centuriō dīxit, quoniam **sē** ūnā cum **illīs** servāre nōn **posset, illōrum** quidem vītae **sē prōspectūrum esse**, quōs in perīculum **dēdūxisset; illī** datā facultāte **sibi ipsīs cōnsulerent.**	Der Centurio sagte, da **er sich** ja **mit ihnen** zusammen nicht retten **könne, wolle er** wenigstens für **ihr** Leben **sorgen**, die **er** in Gefahr **gebracht habe; sie sollten**, wenn sich die Möglichkeit biete, für **sich selbst sorgen.**
	2. a) Centuriō interrogāvit: „Cūr cūnctāminī?"	Der Centurio fragte: „Warum zögert ihr?"
	b) Centuriō interrogāvit, cūr cūnctārentur.	Der Centurio fragte, warum sie zögerten.
	3. a) Centuriō dīxit: „Quid aliud vōbīs salūtī erit?"	Der Centurio sagte: „Was sonst wird euch retten?"
	b) Centuriō dīxit, quid aliud illīs salūtī futūrum esse.	Der Centurio sagte, was sie sonst retten werde.

Die beiden Texte a) und b) enthalten jeweils den gleichen Inhalt, aber ihre Aussage ist verschieden: Text a) gibt den Inhalt jeweils in der Form, wie der Centurio **direkt** zu seinen Soldaten **spricht**. Der Erzähler der Geschichte tritt während der Rede gewissermaßen hinter den Sprecher zurück. In Text b) dagegen bleibt der Erzähler im Vordergrund und gibt den Inhalt aus seiner Sicht, d.h. als **abhängige Aussage** eines anderen, hier des Centurio. Die **direkte Rede** (in Text a) nennen wir **ōrātiō rēcta**, die **indirekte Rede** (in Text b) **ōrātiō oblīqua.**

Woran erkennen wir die **ōrātiō oblīqua?**

Im **Deutschen** finden wir als **finite Verbformen nur** den **Konjunktiv** (§ 84 C). Diese Verbformen erscheinen nur in der **3. Person**, da der Erzähler dem Leser bzw. Hörer die Worte oder Gedanken eines dritten wiedergibt. In gleicher Weise treten auch nur **Pronomina der 3. Person** auf.

Das gilt weitgehend auch für das **Lateinische,** wie ein Vergleich der **ōrātiō rēcta** mit der **ōrātiō oblīqua** zeigt:

1. Es erscheinen nur **Pronomina** der 3. Person; **Reflexivpronomina** können wie auch sonst in einem aci oder einem konjunktivischen GS **direkt** oder **indirekt reflexiv** gebraucht sein (§ 108).
2. **Finite Verbformen** erscheinen **nur** in der **3. Person** und nur im **Konjunktiv,** weil in der ōrātiō oblīqua alle GS innerlich abhängig sind (§ 108 B).

3.a) Der **aci** steht

1) für einen HS der ōrātiō rēcta;
2) für eine **rhetorische Frage** der ōrātiō rēcta. (Eine rhetorische Frage ist eine Aussage, die zwar als Frage formuliert ist, aber keine echte Frage ist, da der Sprecher keine Antwort erwartet.)

b) Der **Konjunktiv** steht

1) für eine **Aufforderung** (Wunsch; Befehl) der ōrātiō rēcta;
2) für eine **echte Frage** der ōrātiō rēcta;
3) in allen **Gliedsätzen** (zur cōnsecūtiō temporum vgl. § 93).

ōrātiō oblīqua:

1. Der **aci** entspricht einem HS der ōrātio rēcta, wenn er **Aussagen** oder **rhetorische Fragen** enthält.
2. **Alle anderen Sätze** stehen im **Konjunktiv.**
3. Der **Konjunktiv im HS** enthält eine **Aufforderung** oder eine **echte Frage.** (Wir übersetzen die Aufforderung mit Hilfe des Verbs „sollen").
4. **Im Deutschen** steht immer der **Konjunktiv.**

XXIV LECTIO VICESIMA QUARTA

*** § 116** 1. **Gallicae cōnsuētūdinis est,** ut vulgus mercātōrēs circumsistat.

A Gen K GS

(Es ist eine **Eigentümlichkeit** gallischer Lebensart – besser:) Es **kennzeichnet gallische Lebensart,** daß das Volk reisende Händler umlagert.

2. **Magnī interest** eius auctōritātem inter suōs quam plūrimum valēre.

Gen P aci

(Es liegt eine große Bedeutung darin – besser:) **Es ist sehr wichtig,** daß sein Einfluß bei seinen Landsleuten möglichst groß ist.

Unsere Beispielsätze zeigen folgende Übereinstimmungen: Neben einem Prädikat, das mit einer Form von „esse“ bzw. „interesse“ gebildet ist, steht als Subjekt nicht eine Person, sondern eine Aussage in der Form eines aci bzw. eines GS. Das bedeutet: diese Prädikate sind unpersönlich gebraucht. Gemeinsam ist ferner, daß diese Prädikate durch einen Genitiv näher bestimmt werden: In Satz 1 hat der Genitiv „Gallicae cōnsuētūdinis“ als Prädikatsnomen neben der Kopula „est“ die Funktion eines **gen.poss.** (§ 70). Im Deutschen ergänzen wir sinngemäß ein Beziehungswort wie **Aufgabe, Pflicht, Zeichen, Eigentümlichkeit** u.ä. In Satz 2 erläutert der Genitiv „magnī“ in der Funktion eines **gen.pretiī** (pretium – Preis, Wert) das Prädikat „interest“ und gibt den Grad der Bedeutung an. Im Deutschen entscheidet die Übersetzung von „interest“, ob wir ein **Adjektiv (große** Bedeutung) oder ein **Adverb (sehr** wichtig) verwenden.

3. Docet, **quantopere commūnis salūtis intersit** manūs hostium dīvidī.

Adv A Gen P aci

P + □ GS

Er macht klar, **wie sehr** es **dem gemeinsamen Wohle aller diene** (= im „Interesse“ aller liege), die Scharen der Feinde getrennt zu halten.

Wie Satz 3 zeigt, kann auch im Lateinischen neben „interest“ anstelle eines gen. pretiī ein Adverb stehen (hier: quantopere). Außerdem kann ein Genitiv angeben, in wessen „Interesse“ der Vorgang liegt, wer „betroffen“ ist (hier: commūnis salūtis). Wir können also in diesem Fall von der Funktion eines gen.poss. sprechen.

1. **Unpersönliches „est“ mit Genitiv** übersetzen wir: es ist Aufgabe, Pflicht, Zeichen, Eigentümlichkeit von . . .
2. Der **Genitiv bei unpersönlichem „interest“** bezeichnet den Grad der Bedeutung oder die Person oder Sache, für die etwas wichtig ist.

XXV LECTIO VICESIMA QUINTA

§ 117 Ab hīs castrīs oppidum Rēmōrum nōmine Bibrax aberat **mīlia passuum octō.**

Von diesem Lager war die Remerstadt Bibrax **8000 Doppelschritt** (= 8 Meilen) entfernt.

Der für uns auffällige Genitiv „passuum" nach dem Zahlwort „mīlia" (Pl.) ist so zu erklären, daß die Römer **mīlia** als **Zahlsubstantiv** ansahen. Ein substantivisches Attribut erscheint daher daneben im Genitiv (§ 16 A).

*** § 118** Caesar mīlitēs docet, quot virōrum fortium **morte** necesse sit **cōnstāre** victōriam.

Caesar machte den Soldaten klar, (wie vieler tapferer Männer **Tod** der Sieg **kosten** müsse ... besser:) wie viele tapfere Männer den Sieg **mit ihrem Leben bezahlen** müßten.

In Verbindung mit Verben des Kostens, Kaufens, Verkaufens u.ä. gibt die lateinische Sprache den Preis im Ablativ an (hier: morte cōnstāre). Der Ablativ bezeichnet dabei eigentlich das Mittel, das eine Sache „aufwiegen" kann. Man nennt diesen Ablativ auch **abl.pretiī** (vgl. gen.prētiī § 116.2).

*** § 119** **Zusammenfassung: Ablativ**

1. **Adverbiale Bestimmung**

a) abl. īnstrūmentī	§ 9 A
abl. sociātīvus	§ 9 A
abl. sēparātīvus	§ 9 A
abl. locātīvus	§ 9 A
abl. temporis	§§ 9 A, 55
abl. modī	§§ 9 A, 32
abl. mēnsūrae	§ 29
abl. līmitātiōnis	§ 29
abl. quālitātis	§ 29
abl. comparātiōnis	§ 77
abl. pretiī	* § 118
b) AmP (abl. abs.)	§§ 52, 74 B

2. **in Verbindung mit esse** §§ 29, 70, 71

3. **in Verbindung mit bestimmten Verben,** z.B.: ūtī, potīrī

* § 120 Übersicht: Ortsangaben

Frage	allgemein	Städte u. kleine Inseln (§ 54)	Besonderheiten
wo?	in silvā – im Wald in Italiā – in Italien ūnō locō – an einer Stelle	Brundisiī – in Brundisium Rōmae – in Rom Syrācūsīs – in Syrakus Carthāgine – in Karthago	domī – zu Hause
in der Nähe wovon?	ad silvam – am Wald	ad Vesontiōnem – in der Gegend von Vesontio	ad domum – in der Nähe des Hauses
woher?	ex silvā – aus dem Wald ex Hispāniā – aus Spanien	Brundisiō – aus Brundisium Rōmā – aus Rom Syrācūsīs – aus Syrakus Carthāgine – aus Karthago	domō – von Hause
aus der Nähe wovon?	ā silvā – vom Wald her	ā Gergoviā – aus der Gegend von Gergovia	ā domō – aus der Nähe des Hauses
wohin?	in silvam – in den Wald in hīberna – in das Winter-lager	Brundisium – nach Brundisium Rōmam – nach Rom Syrācūsās – nach Syrakus Carthāginem – nach Karthago	domum – nach Hause
in die Nähe wovon?	ad silvam – an den Wald	ad Rōmam – in die Gegend von Rom	ad domum – in die Nähe des Hauses

Die Übersicht zeigt, daß bei Namen von Städten und kleinen Inseln sowie einigen Einzelwörtern auf die Frage **„wo?"** Ausgänge auftreten, die auf den Genitiv hinzudeuten scheinen:

Brundisi-**ī**, Rōma-**e** (aus Rōma-**ī**; § 15 D), dom-**ī**.

Tatsächlich liegt ein **besonderer Kasus** – der **Lokativ** – vor, der sich allerdings nur noch bei den Städtenamen der a- und o-Deklination im Singular (vgl. Brundisiī, Rōm**ae**) und wenigen anderen Ausdrücken (z.B. domī) erhalten hat. Im übrigen hat der Ablativ diese Funktion übernommen (abl.locātīvus), also: Carthāgine – in Karthago; Syrācūsīs – in Syrakus.

Die Übersicht zeigt weiter, daß auch neben Städtenamen eine Präposition stehen kann. Dann ist nicht der Ort selbst, sondern die Gegend dieses Ortes gemeint (hier: ad Vesontiōnem bzw. ā Gergoviā).

> Der **Lokativ** findet sich zur Angabe der Ortsbestimmung auf die Frage „wo?"
> a) bei Städtenamen, wenn sie im Sg. stehen und nach der a- oder o-Deklination dekliniert werden,
> b) bei einigen anderen Ausdrücken wie z. B. domī.

XXVI LECTIO VICESIMA SEXTA

§ 121 **Das Zahlwort** (verbum **numerāle**). **Die Grundzahlen**:

1. **Übersicht**:

Zahlzeichen		Zahlwörter (**numerālia**)
1	I	ūnus, -a, -um
2	II	duo, duae, duo
3	III	trēs, tria
4	IV	quattuor
5	V	quīnque
6	VI	sex
7	VII	septem
8	VIII	octō
9	IX	novem
10	X	decem

Das Zahlwort. Die Grundzahlen:

Übersicht *(Forsetzung)*:

Zahlzeichen		Zahlwörter (**numerālia**)
11	XI	ūn-decim
12	XII	duo-decim
13	XIII	trē-decim
14	XIV	quattuor-decim
15	XV	quīn-decim
16	XVI	sē-decim
17	XVII	septen-decim
18	XVIII	duo-dē-vī**gintī**
19	XIX	ūn-dē-vī**gintī**
20	XX	vī**gintī**
21	XXI	ūnus et vī**gintī** (vī**gintī** ūnus)
28	XXVIII	duo-dē-trī**gintā**
29	XXIX	ūn-dē-trī**gintā**
30	XXX	trī**gintā**
40	XL	quadrā**gintā**
50	L	quīnquā**gintā**
60	LX	sexā**gintā**
70	LXX	septuā**gintā**
80	LXXX	octō**gintā**
90	XC	nōnā**gintā**
100	C	**centum**
200	CC	du**centī**, -ae, -a
300	CCC	tre**centī**, -ae, -a
400	CCCC	quadrin**gentī**, -ae, -a
500	D	quīn**gentī**, -ae, -a
600	DC	ses**centī**, -ae, -a
700	DCC	septin**gentī**, -ae, -a
800	DCCC	octin**gentī**, -ae, -a
900	DCCCC	nōn**gentī**, -ae, -a
1000	M	mīlle
2 000	MM	duo mīlia
10 000	X̄	decem mīlia
100 000	C̄	centum mīlia

2. Deklination der Grundzahlen:

Dekliniert werden nur

a) wie Adjektive: ūnus, duo, trēs;
die Hunderter ab 200;

b) als Substantiv im Neutrum: der Plural von 1000 (mīlia).

Nom.	ūnus ūna ūnum	duo duae duo	trēs tria	mīlia
Gen.	ūnīus	duōrum duārum duōrum	trium	mīlium
Dat.	ūnī	duōbus duābus duōbus	tribus	mīlibus
Akk.	ūnum ūnam ūnum	duōs duās duo	trēs tria	mīlia
Abl.	ūnō ūnā ūnō	duōbus duābus duōbus	tribus	mīlibus

3. Bildung der Grundzahlen:

a) Die **Verbindung von 8 bzw. 9 mit einem Zehner** wird gewöhnlich durch Subtraktion vom nächsten Zehner gebildet:

19 ūn-dē- vīgintī
28 duo-dē- trīgintā
39 ūn-dē-quadrāgintā
u. a. m.

b) Wie im Deutschen werden die **Zehner** durch die gleiche **Bildesilbe -gintā** (= -zig) gekennzeichnet.

Ebenso erkennen wir die **Hunderter** (drei-hundert) an der Zusammensetzung der Grundzahl mit dem Zahlwort für hundert (centum): **-centī** bzw. **-gentī**.

c) Bei **zusammengesetzten Zahlen** steht die größere vor der kleineren, im allgemeinen ohne eine Konjunktion:

345 trecenta quadrāgintā quīnque.

Nur bei Zahlen von 21 bis 99 kann auch die kleinere voranstehen; in diesem Fall ist wie im Deutschen eine Verbindung mit **et** notwendig:

45 quadrāgintā quīnque = quīnque **et** quadrāgintā
(fünf- und -vierzig).

*** § 122**

1. **Cum** Caesar in Galliam **vēnit**, alterīus factiōnis prīncipēs **erant** Haeduī, alterīus Sēquanī.

(Zu der Zeit) **Als** Caesar nach Gallien **kam, waren** die Führer der einen Machtgruppe die Häduer, die der anderen die Sequaner.

Ein **adverbialer GS**, der **mit „cum"** eingeleitet ist, enthält häufig eine **genaue Zeitangabe** für das Geschehen im HS. Wir erkennen dieses **„cum"** am **Indikativ** seines finiten Verbs. Im Deutschen können wir neben der Konjunktion „als" einen Ausdruck wie „zu der Zeit", „in dem Augenblick" u.ä. ergänzen. Wir bezeichnen dieses „cum" als **„cum temporāle"**.

Wir erinnern uns: das Perfekt „vēnit" bezeichnet eine neu eintretende Handlung, das Imperfekt „erant" einen andauernden Zustand (§ 33).

2. Ipse, **cum prīmum** per annī tempus **potuit**, ad exercitum **contendit**.

Er selbst **eilte** zum Heer, **sobald** (er es im Blick auf die Jahreszeit **konnte**) es die Jahreszeit **erlaubte**.

Ein **adverbialer GS**, der **mit cum** (bzw. **cum prīmum**) eingeleitet wird, enthält häufig ein **einmaliges Geschehen**, auf das **unmittelbar die Handlung des HS folgt**. Wir erkennen dieses **cum** am **Ind.Perf.** des finiten Verbs. Da auf ein einmaliges Geschehen unmittelbar eine neue Handlung folgt, übersetzen wir dieses cum (prīmum) mit **„sobald"**.

3. Helvētiī cotīdiānīs ferē proeliīs cum Germānīs **contendunt, cum** aut suīs fīnibus eōs **prohibent** aut ipsī in eōrum fīnibus bellum **gerunt**.

Die Helvetier **schlagen sich** in fast täglichen Kämpfen mit den Germanen **herum, indem** sie diese entweder von ihren eigenen Grenzen **fernhalten** oder selbst in deren Gebiet Krieg **führen**.

Ein **adverbialer GS**, der **mit cum** eingeleitet wird, enthält häufig ein **Geschehen, das zeitlich und sachlich** mit dem im übergeordneten Satz **zusammenfällt. HS und GS haben daher das gleiche Tempus im Indikativ**. Cum übersetzen wir in diesem Falle mit **„indem", „wenn", „dadurch, daß"** u. ä. Man bezeichnet dieses cum als **cum coincidēns** (vgl. co-incidere – zusammen eintreten) oder als **cum modāle** (vgl. modus).

4. Multum **cum** in omnibus rēbus, **tum** in rē mīlitārī potest fortūna.

Viel vermag das Glück (**einerseits**) in allen Dingen, **besonders aber** im Kriege.

Häufiger als im Deutschen gliedert der Römer seine Sätze (für den Hörer!) durch zwei Konjunktionen, die aufeinander bezogen sind. Wir beschränken uns bei der Übersetzung im allgemeinen auf eine entsprechende Kennzeichnung an zweiter Stelle (hier: besonders aber) (vgl. et – et; neque – neque; u.a.).

5. **Zusammenfassung: cum**

a) **Präposition** (beim Abl.)	1. Begleitung, Zusammensein bei Personen	§ 9 A2
	2. begleitende Umstände	§ 9 A2
		§ 32

b) **Konjunktion** (im GS)	1. **mit Indikativ:**		
	cum iterātīvum	immer, wenn	§ 28
	cum inversīvum	als (plötzlich)	§ 34
	cum temporāle	als	* § 122.1
	cum (prīmum)	sobald	* § 122.2
	cum coincidēns (modāle)	indem; wenn; dadurch, daß	* § 122.3
	2. **mit Konjunktiv:**		
	cum historicum	als	§ 89 B1
	cum causāle	da; weil	§ 89 B2
	cum concessīvum	obwohl	§ 89 B3
	cum adversātīvum	während dagegen	§ 89 B4
c) **gliedernde Doppelkonjunktion:**	cum ... tum	(einerseits ... ... andererseits besonders) **besser:** .... besonders aber	* § 122.4

§ 123 **Satzbild:**

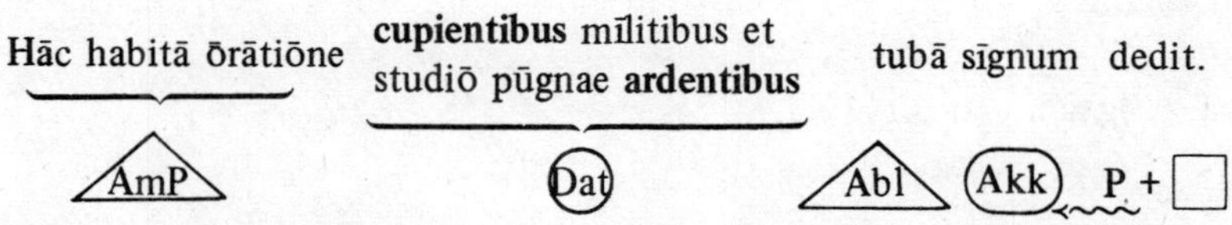

Ohne die Hilfe eines gliedernden Satzzeichens oder einer Konjunktion läßt die Wortstellung **drei Wortblöcke** erkennen:

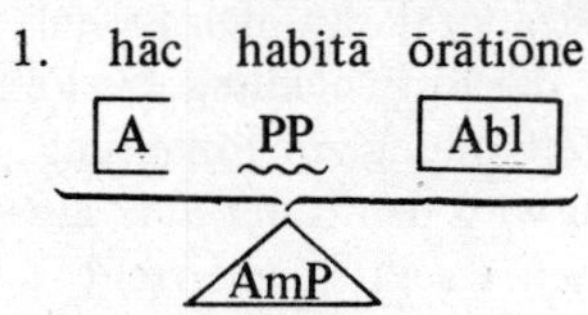

In diesem **1. Wortblock** (AmP) bilden das Attribut „hāc" und sein Beziehungswort „ōrātiōne" eine Klammer; durch die Zwischenstellung des Partizips „habitā" werden diese beiden Wörter getrennt und zugleich hervorgehoben. **„Hāc"** schließt an das unmittelbar zuvor Berichtete an (vgl. § 65 A 2a); **„habitā"** betont mit seinem Tempus den Abschluß; **„ōrātiōne"** gibt den entscheidenden Begriff, läßt zugleich eine Äußerung über die Wirkung erwarten und weist damit auf das Folgende hin.

2. **cupientibus** mīlitibus et studiō pūgnae **ardentibus**

PP Dat Abl Gen PP

Dat

Dieser 2. **Wortblock** zeigt deutlich die Wirkung der Rede und ist daher in seinem Aufbau und seiner Gliederung von Partizipien und Verbalsubstantiven bestimmt: die beiden Verbalsubstantive „studiō" und „pūgnae" erinnern an „studēre" bzw. „pūgnāre"; die beiden Partizipien „cupientibus" und „ardentibus" bilden die Klammer. Dabei bezeichnen diese beiden Wörter eine besondere Erregung, die sich von „cupere" zu „ardēre" steigert. Diese Steigerung wird auch durch die beiden Verbalsubstantive und den größeren Umfang des zweiten Gliedes betont. Die Soldaten sind offensichtlich beeindruckt von der Rede ihres Feldherrn, sie sind begeistert (ardēre) und wollen (studium → studēre) kämpfen (pūgna → pūgnāre).

Anlaß (1.) und Wirkung (2.) sind damit bezeichnet. Ohne eindeutige Bestimmung ist bisher die Beziehung von „mīlitibus": Von der Form her kommt der Dativ mit pc ebenso infrage wie der AmP; also muß die Entscheidung von der Funktion her erfolgen.

Zur Klärung folgende „**Faustregel**": Ist bei Endungsgleichheit nicht klar, ob Dativ oder Ablativ vorliegt, so „tippen" wir bei **Personen** zuerst auf **Dativ**, bei **Sachen** auf **Ablativ.**

3. tubā sīgnum dedit

Abl Akk P + □

Die Beziehung von „mīlitibus" muß sich durch den **3. Wortblock** klären. Dieser enthält einen Fachausdruck der Militärsprache: tubā sīgnum dare = den Befehl zum Angriff geben. Er schließt mit dem finiten Verb, der Entscheidung des Feldherrn. So wird mit diesem Wortblock inhaltlich die Verbindung zur Einleitung, der aufmunternden Rede Caesars, hergestellt. Zugleich wird damit der Satz als Ganzes sachlich und formal mit einer Klammer versehen. Caesar „beherrscht" seine Soldaten; ihnen gilt seine Rede, ihnen sein Befehl. Damit haben wir uns für „mīlitibus" im zweiten Wortblock als Dat ausgesprochen.

Eine gute **Übersetzung** wird diese Überlegungen berücksichtigen:

Wortblock 1 stellt auf der einen Seite die Verbindung des neuen Satzes mit dem vorhergegangenen her, bereitet andererseits aber Wortblock 2 vor und begründet ihn zugleich.

Wortblock 2 gibt einmal das Ergebnis von Wortblock 1 zu erkennen, ist aber zunächst offen in seiner Beziehung (AmP oder Dativobjekt mit pc) und verlangt damit eine Entscheidung aus dem Kontext.

Wortblock 3 klärt die Beziehung Soldat – Feldherr und schließt mit einem Fachausdruck der Militärsprache.

1. **Vorschlag** (mit stärkerer Berücksichtigung des lateinischen Satzbaus):

Als seine Soldaten
↕
(erste Aufnahme des weiter wirkenden Subjekts Caesar)
nach dieser Rede
(Abschluß, Verbindung zum Vorhergehenden und Erwartung des Kommenden)
den Kampf mit heißem Herzen verlangten,
(ardēre) (studiō) (cupere)
ließ er ihnen
↕
(endgültige Aufnahme des weiter wirkenden Subjekts Caesar; Bezugnahme auf „Soldaten" und Klärung der Beziehung als Dativobjekt)
mit der Trompete den Befehl zum Angriff geben.

2. **Vorschlag** (mehr dem deutschen Satzbau angepaßt):

Nach seiner Rede verlangten seine Soldaten den Kampf mit heißem Herzen; da ließ er mit der Trompete den Befehl zum Angriff geben.

XXVII LECTIO VICESIMA SEPTIMA

§ 124 Das Zahlwort (verbum numerāle). **Die Ordnungszahlen:**

1. **Übersicht:**

	1. – 10.	11. – 20.
1	prīmus, -a, -um	ūn-decimus, -a, -um
2	secundus, -a, -um	duo-decimus, -a, -um
3	tertius, -a, -um	tertius decimus, -a, -um
4	quārtus, -a, -um	quārtus decimus, -a, -um
5	quīntus, -a, -um	quīntus decimus, -a, -um
6	sextus, -a, -um	sextus decimus, -a, -um
7	septimus, -a, -um	septimus decimus, -a, -um
8	octāvus, -a, -um	duo-dē-vīcēsimus, -a, -um
9	nōnus, -a, -um	ūn-dē-vīcēsimus, -a, -um
10	decimus, -a, -um	vīcēsimus, -a, -um

	10. – 100.	100. – 1000.
1	decimus, -a, -um	centēsimus, -a, -um
2	vī-cēsimus, -a, -um	du-centēsimus, -a, -um
3	trī-cēsimus, -a, -um	tre-centēsimus, -a, -um
4	quadrā-gēsimus, -a, -um	quadrin-gentēsimus, -a, -um
5	quīnquā-gēsimus, -a, -um	quīn-gentēsimus, -a, -um
6	sexā-gēsimus, -a, -um	ses-centēsimus, -a, -um
7	septuā-gēsimus, -a, -um	septin-gentēsimus, -a, -um
8	octō-gēsimus, -a, -um	octin-gentēsimus, -a, -um
9	nōnā-gēsimus, -a, -um	nōn-gentēsimus, -a, -um
10	centēsimus, -a, -um	mīllēsimus, -a, -um

2. **Deklination der Ordnungszahlen:**

   Alle Ordnungszahlen werden wie Adjektive der a-/o-Deklination dekliniert.

3. **Bildung der Ordnungszahlen:**

   Die Bildung erfolgt in engem Anschluß an die Grundzahlen (§ 121) sowie die Superlative (§ 75).

   Als **Ausgang** finden wir im Anschluß an die fünf zusammengesetzten Ordnungszahlen (13.–17.: septimus decimus) **-ēsimus, -a, -um**; dieser Ausgang verbindet sich mit dem Kennzeichen der Zehner (**-g-/-c-**) bzw. Hunderter (**-cent-/-gent-**).

4. Abweichend vom Deutschen dienen die Ordnungszahlen zur **Angabe von Tagesstunden und Jahreszahlen**:

   a) hōrā tertiā : um 9 Uhr (morgens, da ab 6 Uhr gerechnet wird)

   b) annō a. u. c. (ab urbe conditā) septingentēsimō nōnō :
      im Jahre 709 nach Gründung der Stadt Rom
      annō a. Chr. n. (ante Chrīstum nātum) quadrāgēsimō quārtō :
      im Jahre 44 vor Christi Geburt.

*** § 125** 1. **Ut** Germānōs diūtius in Galliā versārī nōluerant, **ita** populī Rōmānī exercitum hiemāre in Galliā molestē ferēbant.

Sie hatten **(zwar)** nicht gewollt, daß Germanen sich länger in Gallien aufhielten, sie waren **aber ebenso** darüber empört, daß ein Heer des römischen Volkes in Gallien seine Winterquartiere hatte.

ut – ita gehört zu den gliedernden Konjunktionen der lateinischen Sprache (vgl. § 122.4). Es bezeichnet einen **Vergleich** (Übersetzung: **wie – so**); häufig enthält dieser Vergleich einen **Gegensatz**; dann übersetzen wir: **(zwar –) aber.**

2. Singulārī mīlitum nostrōrum virtūtī cōnsilia cuiusque modī Gallōrum occurrēbant, **ut est** genus ad omnia imitanda et efficienda **aptissimum.**	Der einzigartigen Tapferkeit unserer Soldaten traten immer wieder neue Maßnahmen der Gallier entgegen, (**wie** oder:) **da** dieses Volk **eben äußerst geschickt** darin **ist,** alles nachzuahmen und auch zustandezubringen.

ut est in Verbindung mit einem PN (hier: aptissimum) enthält in dem Vergleich häufig eine **Begründung**. Wir bringen diese Beziehung durch „**da**" zum Ausdruck.

3. **Zusammenfassung: ut**

a) mit Indikativ

1. Vergleich	wie	§ 26 B5
2. Gegensatz	zwar – aber	* § 125.1
3. Begründung	da	* § 125.2
4. Temporal	sobald	* § 132.2

b) mit Konjunktiv

1. Einleitung eines adverbialen GS		
mit finaler Bedeutung	damit	§ 87 A4
mit konsekutiver Bedeutung	(so) daß	§ 90 A
2. Einleitung eines Subjekt- bzw. Objektsatzes		
nach Verben des Begehrens	daß	§ 87 A1
nach Verben des Fürchtens	daß nicht	§ 88.2
accidit, ut	daß	§ 90 B

§ 126 **Zusammenfassung: nē** (mit Konjunktiv)

1. Einleitung eines adverbialen GS		
mit negierter finaler Bedeutung	damit nicht	§ 87 D
2. Einleitung eines Subjekt- bzw. Objektsatzes		
mit negiertem Begehren	daß nicht	§ 87 D
nach Verben des Fürchtens	daß	§ 88.1
3. nē im HS: Verneinter Wunsch	nicht	§§ 85 A3; 86 A1
Prohibitīvus (m. Konj.Perf.)	nicht	** § 136

XXVIII LECTIO DUODETRICESIMA

* § 127 Zusammenfassung: quīn (mit Konjunktiv)

1. Einleitung eines Subjekt- bzw. Objektsatzes nach verneinten Ausdrücken des Zweifelns und Hinderns (z.B.: nōn dubitō; nōn dubium est; nōn impediō; nōn retineō; u.a.)	daß (bzw.: Inf. mit zu)	§ 87 A, D
2. Einleitung eines verneinten konsekutiven Relativsatzes neben allgemeinen verneinten Ausdrücken wie: nēmō est u.a. (quīn steht in derartigen Sätzen anstelle von: quī nōn, quae nōn, quod nōn)	der, die, das nicht (usw.)	§ 102.2a

XXIX LECTIO UNDETRICESIMA

* § 128 Zusammenfassung: quam

1. **Akk.Sg.f.**
   a) des Relativpronomens — § 39.3
   b) (des Relativpronomens) als relativischer Anschluß mit demonstrativer Bedeutung — § 40
   c) des adjektivisch gebrauchten Fragepronomens — § 41
   d) des adjektivisch gebrauchten Indefinitpronomens — § 109.2
2. **Adverb** (bisweilen in der Funktion einer Konjunktion)
   a) **in Vergleichen** (neben Adjektiven und Adverbien): **(tam –) quam** mit der Bedeutung **„(so –) wie"**
   b) **nach Komparativen** und vergleichbaren Ausdrücken (z.B. post – später; praestat – es ist besser) in der Bedeutung **„als"** — § 75
   Häufig verbinden sich beide Teile zu einer Konjunktion:
   post – quam = postquam : nachdem
   prius – quam = priusquam : bevor
   tam – quam = tamquam : wie, so als ob
   c) in Verbindung mit einem **Superlativ** in der Bedeutung **„möglichst"** + Positiv

§ 129 Zusammenfassung: quō

1. **Abl.Sg.m./n.**
   - a) des Relativpronomens § 39.3
   - b) (des Relativpronomens) als relativischer Anschluß mit demonstrativer Bedeutung § 40
   - c) des subst. und adj. gebrauchten Fragepronomens §§ 9 A; 41
   - d) des Indefinitpronomens § 109.2
   - e) bei Gegenüberstellung in Verbindung mit Komparativen: **„quō – eō“** in der Bedeutung **„je – desto“**
   - f) anstelle von **„ut eo“ + Komparativ + Konj. „damit desto, um desto ... zu ...“** § 102.1
2. **Adverb**
   - a) als Einleitung eines direkten oder indirekten Fragesatzes in der Bedeutung **„wohin“** §§ 3 B; 139
   - b) als Einleitung eines Relativsatzes in der Bedeutung **„wohin“** § 139

§ 130 Zusammenfassung: quod

1. **Nom./Akk.Sg.n.**
   - a) des Relativpronomens § 39.3
   - b) (des Relativpronomens) als relativischer Anschluß mit demonstrativer Bedeutung § 40
   - c) des adjektivisch gebrauchten Fragepronomens § 41
   - d) des adjektivisch gebrauchten Indefinitpronomens § 109.2
2. **Konjunktion**
   - a) als Einleitung eines adverbialen GS mit kausaler Bedeutung: **weil** § 26 B1
   - b) als Einleitung eines Subjekt- bzw. Objektsatzes mit der Bedeutung: (die Tatsache,) **daß** (daher: sogen. **faktisches quod)**

     Beispiel: Accēdēbat hūc, **quod** Dumnorīx multa dīxerat. — Dazu kam (die Tatsache), **daß** Dumnorix viel gesagt hatte.

Satzbild: Accēdēbat hūc, quod Dumnorīx multa dīxerat.

*** § 131 Zusammenfassung: dum**

Dum leitet **adverbiale Gliedsätze** ein, **die eine temporale Bedeutung** haben.

a) Wenn **der Indikativ Präsens** steht, wird die **Gleichzeitigkeit** (vgl. § 30) (des Geschehens) betont.
Wir übersetzen: **während**;

b) wenn der **Indikativ Imperfekt** steht, wird die **Dauer** (vgl. § 33) (des Geschehens) betont.
Wir übersetzen: **solange** (wie);

c) wenn der **Indikativ Perfekt** steht, wird das **Ergebnis** (vgl. § 21) (des Geschehens) betont.
Wir übersetzen: (solange) **bis**;

d) wenn ein **Konjunktiv** steht, wird die **Absicht** betont. (§ 87 C)
Wir übersetzen: **bis** (oder: **damit inzwischen**).

*** § 132 Zusammenfassung: ubi**

1. a) als Einleitung eines direkten oder indirekten Fragesatzes mit der Bedeutung **wo**; § 139
   b) als Einleitung eines Relativsatzes mit der Bedeutung **wo**; § 139
   c) als relativischer Anschluß mit demonstrativer Bedeutung **dort aber, und dort.** § 40
2. als Einleitung eines adverbialen Gliedsatzes mit temporaler Bedeutung (in Verbindung mit dem **Ind.Perf.**): **sobald.** § 26 B4

   Anm.: Statt **ubi** kann auch **ubi prīmum, ut, ut prīmum, cum, cum prīmum** mit gleicher Bedeutung stehen.

*** § 133 Zusammenfassung: sī (nisi)**

1. Einleitung von **adverbialen Gliedsätzen**, die eine **konditionale Bedeutung** haben. Übersetzung: **wenn (falls)** bzw. **wenn nicht (falls nicht)**

a) Der **Indikativ** steht in Sätzen, deren Aussage als wirklich gesetzt wird; § 26 B2

b) der **Konjunktiv** steht in Sätzen, deren Aussage als irreal oder potential gesetzt wird. §§ 85; ** 135

2. Einleitung von Subjekt- bzw. Objektsätzen neben bestimmten Verben (z.B. exspectāre, cōnārī). In diesen indirekten Fragesätzen (Konj.!) übersetzen wir **sī** mit **ob.**

3. **Beachte:**

a) **nōn – nisi** (wörtlich: nicht – wenn nicht) übersetzen wir gewöhnlich mit **nur;**

b) **quod** sī (auch: quodsī) : **wenn aber;**

c) **quod nisi : denn wenn nicht, wenn also nicht.**

BESONDERHEITEN

§ 134 1. Multī hominēs in portum convēnērunt nāvem **spectātum.**

Viele Menschen kamen im Hafen zusammen, **um** sich das Schiff **anzusehen.**

„Spectātum" ist der Akkusativ eines Substantivs, das von dem Verbum „spectāre" gebildet ist und deshalb Verbalsubstantiv heißt. Es kann wie das Verb selbst oder die nd-Form durch ein Objekt oder eine adverbiale Bestimmung ergänzt werden. Die Form nennen wir **„Supinum auf -um"** und übersetzen sie final mit „um ... zu".

2. Id **difficile factū** est.

Das ist **schwer zu tun.**

„Factū" (von facere) ist der (ungewöhnliche) Dativ eines solchen Verbalsubstantivs. Wir nennen es **„Supinum auf -ū"** und übersetzen mit „zu".

§ 135 1. Rutulī castra **expūgnent,** nisi Aenēās quam celerrimē **revertātur.**

2. Rutulī castra **expūgnāverint,** nisi Aenēās quam celerrimē **revertātur.**

Die Rutuler **werden** das Lager **erobern, ...**
Die Rutuler **erobern** das Lager **wohl/möglicherweise/vielleicht/unter Umständen ...**
Die Rutuler **könnten** das Lager **erobern,** wenn Aeneas nicht so schnell wie möglich **zurückkehrt.**

Die beiden Sätze unterscheiden sich nur im Tempus (expūgnent: Präsens; expūgnāverint: Perfekt). Dieser Unterschied spielt hier keine Rolle für die Funktion des Konjunktivs; deshalb lautet die Übersetzung gleich.

Der lateinische Konjunktiv ist, wie wir wissen, der Modus der Vorstellung. So behauptet hier der Sprecher (Nisus) nicht „Die Rutuler erobern das Lager", sondern er stellt es sich und seinem Hörer (Euryalus) nur vor; er behauptet es in gemilderter Form, er rechnet mit der **Möglichkeit.** Das drückt der **coniūnctīvus potentiālis** aus (potest – es ist möglich). In der Übersetzung wählen wir für diese Aussageweise im **HS Hilfsverben** oder **Adverbien**: „sie könnten, dürften erobern; sie erobern wohl" ... usw. (s.o.). Im **GS** übersetzen wir den Potentialis mit dem Indikativ.

Beachte: Der Indikativ bezeichnet die Wirklichkeit.
Der Konjunktiv bezeichnet
als Potentialis die Möglichkeit,
als Irrealis die Nichtwirklichkeit (§ 85 A).

**** § 136**

1. **Nōlī** sōlus tanta perīcula sub**īre**! 2. **Nē** sōlus tanta perīcula sub**ieris**!	**Nimm nicht** allein so große Gefahren **auf dich**!

Der Lateiner hat zwei Möglichkeiten, um ein **Verbot an die 2. Person** zu geben: Außer **nōlī + Inf.Präs.** (vgl. § 43) kann er auch **nē + Konj.Perf.** wählen. Ein Unterschied in der Aussage ist für uns nicht erkennbar. Einen Konjunktiv mit dieser Funktion nennen wir **coni.prohibitīvus** (vgl. prohibēre).

ANHANG

§ 137 Deklinationstabellen (Die Zahlen geben den Paragraphen an, in dem die Deklination behandelt wird):

	a-Dekl.	o-Deklination			e-Dekl.	Kons. Dekl.
Singular	(17)	(17)	(17)	(27)	(17)	(17)
Nom.	casa	lupus	puer	forum	diēs	honor
Gen.	casae	lupī	puerī	forī	diēī	honōris
Dat.	casae	lupō	puerō	forō	diēī	honōrī
Akk.	casam	lupum	puerum	forum	diem	honōrem
Abl.	casā	lupō	puerō	forō	diē	honōre
Vok.	casa	lupe	puer	forum	diēs	honor
Plural						
Nom./Vok.	casae	lupī	puerī	fora	diēs	honōrēs
Gen.	casārum	lupōrum	puerōrum	forōrum	diērum	honōrum
Dat.	casīs	lupīs	puerīs	forīs	diēbus	honōribus
Akk.	casās	lupōs	puerōs	fora	diēs	honōrēs
Abl.	casīs	lupīs	puerīs	forīs	diēbus	honōribus

	Konsonantische Deklination			u-Deklination	
Singular	(27)	(27)	(27)	(57)	(57)
Nom./Vok.	nōmen	opus	tempus	portus	cornū
Gen.	nōminis	operis	temporis	portūs	cornūs
Dat.	nōminī	operī	temporī	portuī	cornū (cornuī)
Akk.	nōmen	opus	tempus	portum	cornū
Abl.	nōmine	opere	tempore	portū	cornū
Plural					
Nom./Vok.	nōmina	opera	tempora	portūs	cornua
Gen.	nōminum	operum	temporum	portuum	cornuum
Dat.	nōminibus	operibus	temporibus	portibus	cornibus
Akk.	nōmina	opera	tempora	portūs	cornua
Abl.	nōminibus	operibus	temporibus	portibus	cornibus

Singular		**i-Deklination** (58)	**Plural**	
(58)	(58)		(58)	(58)
turris	mare	**Nom./Vok.**	turrēs	maria
turris	maris	**Gen.**	turrium	marium
turrī	marī	**Dat.**	turribus	maribus
turrim	mare	**Akk.**	turrīs (-ēs)	maria
turrī	marī	**Abl.**	turribus	maribus

Singular		Gemischte Deklination (62)	Plural	
(62)	(62)		(62)	(62)
cīvis	urbs	Nom./Vok.	cīvēs	urbēs
cīvis	urbis	Gen.	cīvium	urbium
cīvī	urbī	Dat.	cīvibus	urbibus
cīvem	urbem	Akk.	cīvēs	urbēs
cīve	urbe	Abl.	cīvibus	urbibus

Adjektive, Komparative und Partizipien

	o- und a-Deklination			i-Stämme (69)		
Nom. Sing.	longus,	-a,	-um	ācer	ācris	ācre
Gen.	longī	-ae	-ī		ācris	
Dat.	longō	-ae	-ō		ācrī	
Akk.	longum	-am	-um	ācrem	ācrem	ācre
Abl.	longō	-ā	-ō		ācrī	
Nom. Plural	longī	-ae	-a	ācrēs	ācrēs	ācria
Gen.	longōrum	-ārum	-ōrum		ācrium	
Dat.	longīs	-īs	-īs		ācribus	
Akk.	longōs	-ās	-a	ācrēs	ācrēs	ācria
Abl.	longīs	-īs	-īs		ācribus	

	Part. Präs. (72)		Komparative (75)		
Nom. Sing.	laudāns		longior	longior	longius
Gen.	laudantis			longiōris	
Dat.	laudantī			longiōrī	
Akk.	laudantem,	-ns	longiōrem	longiōrem	longius
Abl.	laudante			longiōre	
Nom. Plural	laudantēs,	-ntia	longiōrēs	longiōrēs	longiōra
Gen.	laudantium			longiōrum	
Dat.	laudantibus			longiōribus	
Akk.	laudantēs,	-ntia	longiōrēs	longiōrēs	longiōra
Abl.	laudantibus			longiōribus	

§ 138 Pronomina

Sg.	Nom.	ego	tū	
	Gen.	meī	tuī	suī
	Dat.	mihi	tibi	sibi
	Akk.	mē	tē	sē
	Abl.	ā mē	ā tē	ā sē
Pl.	Nom.	nōs	vōs	
	Gen.	nostrī	vestrī	suī
		nostrum	vestrum	
	Dat.	nōbīs	vōbīs	sibi
	Akk.	nōs	vōs	sē
	Abl.	ā nōbīs	ā vōbīs	ā sē

Sg.	Nom.	quī	quae	quod	is	ea	id
	Gen.		cuius			eius	
	Dat.		cui			ei	
	Akk.	quem	quam	quod	eum	eam	id
	Abl.	ā quō	ā quā	quō	eō	eā	eō
Pl.	Nom.	quī	quae	quae	iī (eī)	eae	ea
	Gen.	quōrum	quārum	quōrum	eōrum	eārum	eōrum
	Dat.		quibus			iīs (eīs)	
	Akk.	quōs	quās	quae	eōs	eās	ea
	Abl.		quibus			iīs (eīs)	

	Singular			**Plural**		
Nom.	**hic**	**haec**	**hoc**	**hī**	**hae**	**haec**
Gen.		huius		hōrum	hārum	hōrum
Dat.		huic			hīs	
Akk.	hunc	hanc	hoc	hōs	hās	haec
Abl.	hōc	hāc	hōc		hīs	
Nom.	**iste**	**ista**	**istud**	**istī**	**istae**	**ista**
Gen.		istīus		istōrum	istārum	istōrum
Dat.		istī			istīs	
Akk.	istum	istam	istud	istōs	istās	ista
Abl.	istō	istā	istō		istīs	
Nom.	**ille**	**illa**	**illud**	**illī**	**illae**	**illa**
Gen.		illīus		illōrum	illārum	illōrum
Dat.		illī			illīs	
Akk.	illum	illam	illud	illōs	illās	illa
Abl.	illō	illā	illō		illīs	

Pronomina (Fortsetzung)

	Singular			Plural		
Nom.	**ipse**	**ipsa**	**ipsum**	**ipsī**	**ipsae**	**ipsa**
Gen.		ipsīus		ipsōrum	ipsārum	ipsōrum
Dat.		ipsī			ipsīs	
Akk.	ipsum	ipsam	ipsum	ipsōs	ipsās	ipsa
Abl.	ipsō	ipsā	ipsō		ipsīs	
Nom.	**īdem**	**eadem**	**idem**	**īdem** [1])	**eaedem**	**eadem**
Gen.		eiusdem		eōrundem	eārundem	eōrundem
Dat.		eīdem			īsdem [2])	
Akk.	eundem	eandem	idem	eōsdem	eāsdem	eadem
Abl.	eōdem	eādem	eōdem		īsdem [2])	

[1]) īdem = iīdem = eīdem; [2]) īsdem = iīsdem = eīsdem.

§ 139 **Pronominaladverbien** sind Adverbien des Ortes, der Zeit sowie der Art und Weise. An dem pronominalen Bestandteil dieser Wörter erkennen wir i.a. die Funktion (z.B.: interrogativ; demonstrativ; u.a.); der Ausgang weist auf den speziellen Inhalt hin (z.B.: woher? – von dort).

In die folgende Übersicht sind in der linken Spalte die (deklinierbaren!) Pronomina mit aufgenommen. In Klammer stehen Ergänzungen, die erst in der Lektüre auftreten.

	Prono-mina	Pronominaladverbien				
		wo?	wohin?	woher?	wann?	wie?/wo?
Interrogativ	**quis?** **wer?**	**ubi?** **wo?**	**quō?** **wohin?**	**unde?** **woher?** **von wo?**	**quandō?** **wann?**	**quā?** **wie?/wo?**
Relativ	quī welcher	ubi wo	quō wohin	unde woher	cum als, wenn	quā wie/wo
	quīcum-que wer auch immer	[ubicum-que wo auch immer]	[quōcum-que wohin auch immer]			

	Pronomina	Pronominaladverbien wo?	wohin?	woher?	wann?	wie? / wo?
Demonstrativ	hic dieser	[hīc hier]	hūc hierher, hierhin	hinc von hier	nunc jetzt	[hāc auf diesem Wege, hier]
	iste dieser da	[istīc dort]	[istūc dorthin]	[istinc von dort]	tum, tunc damals, da	[istāc auf diesem Wege da]
	ille jener	[illīc dort]	[illō dorthin]	[illinc von dort]	ōlim einst	[illāc auf jenem Wege, dort]
	is der, dieser	ibi da, dort	eō dahin, dorthin	inde von da, von dort	deinde darauf	[eā auf diesem Wege, da]
	īdem derselbe	[ibīdem ebenda]	eōdem eben- dorthin			[eādem auf demselben Wege]
Indefinit	aliquis irgend- einer	[alicubi irgendwo]			aliquandō irgend- wann	
	alius ein anderer	[alibī anderswo]	aliō anders- wohin			
	quisquam irgend- einer				umquam jemals	
					num- quam niemals	
	quīdam ein gewisser					
	quisque jeder	[ubīque überall]	[quōque- versus überall- hin]	undique von allen Seiten		
	uterque jeder (von beiden)	utrimque auf beiden Seiten				

Formen des

Aktiv						
		ā-Konjugation	ē-Konjugation	ī-Konjugation	Kons. Konjugation	Gem. Konjugation
Indikativ	Präsens	laud-ō laudā-s lauda-t laudā-mus laudā-tis lauda-nt	mone-ō monē-s mone-t monē-mus monē-tis mone-nt	audi-ō audī-s audi-t audī-mus audī-tis audi-u-nt	leg-ō leg-i-s leg-i-t leg-i-mus leg-i-tis leg-u-nt	capi-ō cap-i-s cap-i-t cap-i-mus cap-i-tis capi-u-nt
	Imperfekt	laudā-ba-m laudā-bā-s laudā-ba-t laudā-bā-mus laudā-bā-tis laudā-ba-nt	monē-ba-m monē-bā-s monē-ba-t monē-bā-mus monē-bā-tis monē-ba-nt	audi-ēba-m audi-ēbā-s audi-ēba-t audi-ēbā-mus audi-ēbā-tis audi-ēba-nt	leg-ēba-m leg-ēbā-s leg-ēba-t leg-ēbā-mus leg-ēbā-tis leg-ēba-nt	capi-ēba-m capi-ēbā-s capi-ēba-t capi-ēbā-mus capi-ēbā-tis capi-ēba-nt
	Futur I	laudā-b-ō laudā-bi-s laudā-bi-t laudā-bi-mus laudā-bi-tis laudā-bu-nt	monē-b-ō monē-bi-s monē-bi-t monē-bi-mus monē-bi-tis monē-bu-nt	audi-a-m audi-ē-s audi-e-t audi-ē-mus audi-ē-tis audi-e-nt	leg-a-m leg-ē-s leg-e-t leg-ē-mus leg-ē-tis leg-e-nt	capi-a-m capi-ē-s capi-e-t capi-ē-mus capi-ē-tis capi-e-nt
Konjunktiv	Präsens	laude-m laudē-s laude-t laudē-mus laudē-tis laude-nt	mone-a-m mone-ā-s mone-a-t mone-ā-mus mone-ā-tis mone-a-nt	audi-a-m audi-ā-s audi-a-t audi-ā-mus audi-ā-tis audi-a-nt	leg-a-m leg-ā-s leg-a-t leg-ā-mus leg-ā-tis leg-a-nt	capi-a-m capi-ā-s capi-a-t capi-ā-mus capi-ā-tis capi-a-nt
	Imperfekt	laudā-re-m laudā-rē-s laudā-re-t laudā-rē-mus laudā-rē-tis laudā-re-nt	monē-re-m monē-rē-s monē-re-t monē-rē-mus monē-rē-tis monē-re-nt	audī-re-m audī-rē-s audī-re-t audī-rē-mus audī-rē-tis audī-re-nt	leg-e-re-m leg-e-rē-s leg-e-re-t leg-e-rē-mus leg-e-rē-tis leg-e-re-nt	cap-e-re-m cap-e-rē-s cap-e-re-t cap-e-rē-mus cap-e-rē-tis cap-e-re-nt
Imperativ		laudā laudā-te	monē monē-te	audī audī-te	leg-e leg-i-te	cap-e cap-i-te
Inf.		laudā-re	monē-re	audī-re	leg-e-re	cap-e-re
Part.		laudā-ns	monē-ns	audi-ēns	leg-ēns	capi-ēns
nd-Form		lauda-nd-ī	mone-nd-ī	audi-end-ī	leg end-ī	capi-end-ī

Präsensstammes

		Passiv				
		ā-Konjugation	ē-Konjugation	ī-Konjugation	Kons. Konjugation	Gem. Konjugation
Indikativ	Präsens	laud-**or** laudā-**ris** laudā-**tur** laudā-**mur** laudā-**minī** lauda-**ntur**	mone-**or** monē-**ris** monē-**tur** monē-**mur** monē-**minī** mone-**ntur**	audi-**or** audī-**ris** audī-**tur** audī-**mur** audī-**minī** audi-**u-ntur**	leg-**or** leg-**e-ris** leg-**i-tur** leg-**i-mur** leg-**i-minī** leg-**u-ntur**	capi-**or** cap-**e-ris** cap-**i-tur** cap-**i-mur** cap-**i-minī** capi-**u-ntur**
	Imperfekt	laudā-**ba-r** laudā-**bā-ris** laudā-**bā-tur** laudā-**bā-mur** laudā-**bā-minī** laudā-**ba-ntur**	monē-**ba-r** monē-**bā-ris** monē-**bā-tur** monē-**bā-mur** monē-**bā-minī** monē-**ba-ntur**	audi-**ēba-r** audi-**ēbā-ris** audi-**ēbā-tur** audi-**ēbā-mur** audi-**ēbā-minī** audi-**ēba-ntur**	leg-**ēba-r** leg-**ēbā-ris** leg-**ēbā-tur** leg-**ēbā-mur** leg-**ēbā-minī** leg-**ēba-ntur**	capi-**ēba-r** capi-**ēbā-ris** capi-**ēbā-tur** capi-**ēbā-mur** capi-**ēbā-minī** capi-**ēba-ntur**
	Futur I	laudā-**b-or** laudā-**b-e-ris** laudā-**b-i-tur** laudā-**b-i-mur** laudā-**b-i-minī** laudā-**b-u-ntur**	monē-**b-or** monē-**b-e-ris** monē-**b-i-tur** monē-**b-i-mur** monē-**b-i-minī** monē-**b-u-ntur**	audi-**a-r** audi-**ē-ris** audi-**ē-tur** audi-**ē-mur** audi-**ē-minī** audi-**e-ntur**	leg-**a-r** leg-**ē-ris** leg-**ē-tur** leg-**ē-mur** leg-**ē-minī** leg-**e-ntur**	capi-**a-r** capi-**ē-ris** capi-**ē-tur** capi-**ē-mur** capi-**ē-minī** capi-**e-ntur**
Konjunktiv	Präsens	laud**e-r** laud**ē-ris** laud**ē-tur** laud**ē-mur** laud**ē-minī** laud**e-ntur**	mone-**a-r** mone-**ā-ris** mone-**ā-tur** mone-**ā-mur** mone-**ā-minī** mone-**a-ntur**	audi-**a-r** audi-**ā-ris** audi-**ā-tur** audi-**ā-mur** audi-**ā-minī** audi-**a-ntur**	leg-**a-r** leg-**ā-ris** leg-**ā-tur** leg-**ā-mur** leg-**ā-minī** leg-**a-ntur**	capi-**a-r** capi-**ā-ris** capi-**ā-tur** capi-**ā-mur** capi-**ā-minī** capi-**a-ntur**
	Imperfekt	laudā-**re-r** laudā-**rē-ris** laudā-**rē-tur** laudā-**rē-mur** laudā-**rē-minī** laudā-**re-ntur**	monē-**re-r** monē-**rē-ris** monē-**rē-tur** monē-**rē-mur** monē-**rē-minī** monē-**re-ntur**	audī-**re-r** audī-**rē-ris** audī-**rē-tur** audī-**rē-mur** audī-**rē-minī** audī-**re-ntur**	leg-**e-re-r** leg-**e-rē-ris** leg-**e-rē-tur** leg-**e-rē-mur** leg-**e-rē-minī** leg-**e-re-ntur**	cap-**e-re-r** cap-**e-rē-ris** cap-**e-rē-tur** cap-**e-rē-mur** cap-**e-rē-minī** cap-**e-re-ntur**
Inf.		laudā-**rī**	monē-**rī**	audī-**rī**	leg-**ī**	cap-**ī**
nd-Form		lauda-**nd**-us	mone-**nd**-us	audi-**end**-us	leg-**end**-us	capi-**end**-us

Konjugationstabellen

Formen des Perfektstammes

Aktiv

Modus	Tempus	ā-Konjugation	ē-Konjugation	ī-Konjugation	Kons. Konjugation	Gem. Konjugation
Indikativ	Perfekt	laudāv-**ī**	monu-**ī**	audīv-**ī**	lēg-**ī**	cēp-**ī**
Indikativ	Perfekt	laudāv-**istī**	monu-**istī**	audīv-**istī**	lēg-**istī**	cēp-**istī**
Indikativ	Perfekt	laudāv-**it**	monu-**it**	audīv-**it**	lēg-**it**	cēp-**it**
Indikativ	Perfekt	laudāv-**imus**	monu-**imus**	audīv-**imus**	lēg-**imus**	cēp-**imus**
Indikativ	Perfekt	laudāv-**istis**	monu-**istis**	audīv-**istis**	lēg-**istis**	cēp-**istis**
Indikativ	Perfekt	laudāv-**ērunt**	monu-**ērunt**	audīv-**ērunt**	lēg-**ērunt**	cēp-**ērunt**
Indikativ	Plusquamperfekt	laudāv-**era**-m	monu-**era**-m	audīv-**era**-m	lēg-**era**-m	cēp-**era**-m
Indikativ	Plusquamperfekt	laudāv-**erā**-s	monu-**erā**-s	audīv-**erā**-s	lēg-**erā**-s	cēp-**erā**-s
Indikativ	Plusquamperfekt	laudāv-**era**-t	monu-**era**-t	audīv-**era**-t	lēg-**era**-t	cēp-**era**-t
Indikativ	Plusquamperfekt	laudāv-**erā**-mus	monu-**erā**-mus	audīv-**erā**-mus	lēg-**erā**-mus	cēp-**erā**-mus
Indikativ	Plusquamperfekt	laudāv-**erā**-tis	monu-**erā**-tis	audīv-**erā**-tis	lēg-**erā**-tis	cēp-**erā**-tis
Indikativ	Plusquamperfekt	laudāv-**era**-nt	monu-**era**-nt	audīv-**era**-nt	lēg-**era**-nt	cēp-**era**-nt
Indikativ	Futur II	laudāv-**er**-ō	monu-**er**-ō	audīv-**er**-ō	lēg-**er**-ō	cēp-**er**-ō
Indikativ	Futur II	laudāv-**eri**-s	monu-**eri**-s	audīv-**eri**-s	lēg-**eri**-s	cēp-**eri**-s
Indikativ	Futur II	laudāv-**eri**-t	monu-**eri**-t	audīv-**eri**-t	lēg-**eri**-t	cēp-**eri**-t
Indikativ	Futur II	laudāv-**eri**-mus	monu-**eri**-mus	audīv-**eri**-mus	lēg-**eri**-mus	cēp-**eri**-mus
Indikativ	Futur II	laudāv-**eri**-tis	monu-**eri**-tis	audīv-**eri**-tis	lēg-**eri**-tis	cēp-**eri**-tis
Indikativ	Futur II	laudāv-**eri**-nt	monu-**eri**-nt	audīv-**eri**-nt	lēg-**eri**-nt	cēp-**eri**-nt
Konjunktiv	Perfekt	laudāv-**eri**-m	monu-**eri**-m	audīv-**eri**-m	lēg-**eri**-m	cēp-**eri**-m
Konjunktiv	Perfekt	laudāv-**eri**-s	monu-**eri**-s	audīv-**eri**-s	lēg-**eri**-s	cēp-**eri**-s
Konjunktiv	Perfekt	laudāv-**eri**-t	monu-**eri**-t	audīv-**eri**-t	lēg-**eri**-t	cēp-**eri**-t
Konjunktiv	Perfekt	laudāv-**eri**-mus	monu-**eri**-mus	audīv-**eri**-mus	lēg-**eri**-mus	cēp-**eri**-mus
Konjunktiv	Perfekt	laudāv-**eri**-tis	monu-**eri**-tis	audīv-**eri**-tis	lēg-**eri**-tis	cēp-**eri**-tis
Konjunktiv	Perfekt	laudāv-**eri**-nt	monu-**eri**-nt	audīv-**eri**-nt	lēg-**eri**-nt	cēp-**eri**-nt
Konjunktiv	Plusquamperfekt	laudāv-**isse**-m	monu-**isse**-m	audīv-**isse**-m	lēg-**isse**-m	cēp-**isse**-m
Konjunktiv	Plusquamperfekt	laudāv-**issē**-s	monu-**issē**-s	audīv-**issē**-s	lēg-**issē**-s	cēp-**issē**-s
Konjunktiv	Plusquamperfekt	laudāv-**isse**-t	monu-**isse**-t	audīv-**isse**-t	lēg-**isse**-t	cēp-**isse**-t
Konjunktiv	Plusquamperfekt	laudāv-**issē**-mus	monu-**issē**-mus	audīv-**issē**-mus	lēg-**issē**-mus	cēp-**issē**-mus
Konjunktiv	Plusquamperfekt	laudāv-**issē**-tis	monu-**issē**-tis	audīv-**issē**-tis	lēg-**issē**-tis	cēp-**issē**-tis
Konjunktiv	Plusquamperfekt	laudāv-**isse**-nt	monu-**isse**-nt	audīv-**isse**-nt	lēg-**isse**-nt	cēp-**isse**-nt
Infinitiv		laudāv-**isse**	monu-**isse**	audīv-**isse**	lēg-**isse**	cēp-**isse**

Passiv (nur 1.Pers.Sg.)

Indikativ	Perf.	laudātus sum	monitus sum	audītus sum	lēctus sum	captus sum
	Plpf.	laudātus eram	monitus eram	audītus eram	lēctus eram	captus eram
	Fut.II	laudātus erō	monitus erō	audītus erō	lēctus erō	captus erō
Konj.	Perf.	laudātus sim	monitus sim	audītus sim	lēctus sim	captus sim
	Plpf.	laudātus essem	monitus essem	audītus essem	lēctus essem	captus essem
Infinitiv		laudātum esse	monitum esse	audītum esse	lēctum esse	captum esse
Partizip		laudātus,-a,-um	monitus,-a,-um	audītus,-a,-um	lēctus,-a,-um	captus,-a,-um

§ 141 Konjugationstabelle: esse

	Präs.	Impf.	Fut. I	Perf.	Plpf.	Fut. II
Indikativ	sum es est sumus estis sunt	eram erās erat erāmus erātis erant	erō eris erit erimus eritis erunt	fuī fuistī fuit fuimus fuistis fuērunt	fueram fuerās fuerat fuerāmus fuerātis fuerant	fuerō fueris fuerit fuerimus fueritis fuerint
Konjunktiv	sim sīs sit sīmus sītis sint	essem essēs esset essēmus essētis essent		fuerim fueris fuerit fuerimus fueritis fuerint	fuissem fuissēs fuisset fuissēmus fuissētis fuissent	
Inf.	esse		futūrum esse (fore)	fuisse		
Impv.	es este					
Part.			futūrus, -a, -um			

§ 142 Konjugationstabelle: velle – nōlle – mālle

	Präsens			Imperfekt		
Indikativ	volō	nōlō	mālō	volēbam	nōlēbam	mālēbam
	vīs	nōn vīs	māvīs	volēbās	nōlēbās	mālēbās
	vult	nōn vult	māvult	usw.	usw.	usw.
	volumus	nōlumus	mālumus			
	vultis	nōn vultis	māvultis			
	volunt	nōlunt	mālunt			
Konjunktiv	velim	nōlim	mālim	vellem	nōllem	māllem
	velīs	nōlīs	mālīs	vellēs	nōllēs	māllēs
	velit	nōlit	mālit	usw.	usw.	usw.
	velīmus	nōlīmus	mālīmus			
	velītis	nōlītis	mālītis			
	velint	nōlint	mālint			
Inf.	velle	nōlle	mālle		**Futur I**	
Impv.		nōlī		volam	nōlam	mālam
		nōlīte		volēs	nōlēs	mālēs
				usw.	usw.	usw.

Die Formen des **Perfekt**stammes werden regelmäßig gebildet; also:

voluī	volueram	voluerō	voluerim	voluissem	voluisse
nōluī	nōlueram	nōluerō	nōluerim	nōluissem	nōluisse
māluī	mālueram	māluerō	māluerim	māluissem	māluisse

§ 143 Konjugationstabelle: īre

	Präs.	Impf.	Futur I	Perfekt	Plpf.	Futur II
Indikativ	eō īs it īmus ītis eunt	ībam ībās usw.	ībō ībis usw.	iī īstī iit iimus īstis iērunt	ieram ierās usw.	ierō ieris usw.
Konjunktiv	eam eās eat eāmus eātis eant	īrem īrēs usw.		ierim ieris ierit ierimus ieritis ierint	īssem īssēs usw.	
Infinitiv	īre		itūrum esse	īsse		
Imperativ	ī īte					
Partizip	iēns, euntis		itūrus, -a, -um			
nd-Form	eundī					

§ 144 Konjugationstabelle: ferre

Stammformen: ferō, tulī, lātum

	Präsens		Imperfekt		Futur I	
	Aktiv	**Passiv**	**Aktiv**	**Passiv**	**Aktiv**	**Passiv**
Indikativ	ferō fers fert ferimus fertis ferunt	feror ferris fertur ferimur feriminī feruntur	ferēbam ferēbās usw.	ferēbar ferēbāris usw.	feram ferēs usw.	ferar ferēris usw.
Konjunktiv	feram ferās ferat ferāmus ferātis ferant	ferar ferāris ferātur ferāmur ferāminī ferantur	ferrem ferrēs ferret ferrēmus ferrētis ferrent	ferrer ferrēris ferrētur ferrēmur ferrēminī ferrentur		
Infinitiv	ferre	ferrī			lātūrum esse	
Imperativ	fer ferte					
Partizip	ferēns				lātūrus, -a, -um	
nd-Form	ferendī					

REGISTER

(Die Zahlen bezeichnen die Paragraphen)

Abkürzungen

Art	Bedeutung
A	Adjektiv
AB	Adverbiale Bestimmung
Abl., abl.	Ablativ, ablativus
aci	Akkusativ mit Infinitiv
acp	Akkusativ mit Partizip
adjekt.	adjektivisch
Adv.	Adverb
Akk	Akkusativ
Akt.	Aktiv
AmP	Ablativ mit Partizip bzw. Prädikativum
AO	Akkusativ-Objekt
Ap	Apposition
Attr.	Attribut
auct.	auctoris
comp.	comparationis
coni.	coniunctivus
Dat., dat.	Dativ, dativus
Dekl.	Deklination
f.	feminin
Fut.	Futur
G	Genus
gem.	gemischt
Gen., gen.	Genitiv, genitivus
GS	Gliedsatz
GZ	Gleichzeitigkeit
HS	Hauptsatz
Impf.	Imperfekt
Impv.	Imperativ
indekl.	undeklinierbar
Ind.	Indikativ
Inf., inf.	Infinitiv, infinitivus
K	Kasus
K̰	Kopula
kaus.	kausal
KNG-Kongruenz	Kasus-Numerus-Genus-Kongruenz
kond.	konditional
Konj.	Konjunktiv
Konjug.	Konjugation
kons.	konsonantisch

Art	Bedeutung
konz.	konzessiv
m.	maskulin
n.	neutrum
nd	nd-Form (Gerundium/Gerundivum)
NG-Kongruenz	Numerus-Genus-Kongruenz
Nom.	Nominativ
NS	Nebensatz
NZ	Nachzeitigkeit
Obj.	Objekt
P	Prädikativum
P̰	Prädikat
Part.	Partizip
part.	partitivus
Pass.	Passiv
pc	participium coniunctum
Perf.	Perfekt
Pers.	Person
PFA	Partizip Futur Aktiv
Pl.	Plural
Plpf.	Plusquamperfekt
PN	Prädikatsnomen
poss.	possessivus
PP	prädikatives Partizip
PPA	Partizip Präsens Aktiv
PPP	Partizip Perfekt Passiv
Präpos.	Präposition
Präs.	Präsens
Pron.	Pronomen
RS	Relativsatz
S	Subjekt
Sg.	Singular
SP-Kongruenz	Subjekt-Prädikat-Kongruenz
subst.	substantivisch
temp.	temporal
Vok.	Vokabel
VZ	Vorzeitigkeit